Magisches Quadrat

Per kommunikativer Wahrnehmung sind wir dauerhaft verbunden, mit dem unsichtbaren, geistigen Kosmos sowie mit dem sichtbaren, physikalischen Universum, mit allem Belebten und Unbelebten.

Für mehr Verständnis und mehr Verstehen, für Wohlstand und Wohlbefinden, für Freude im und am Leben.

Günter Skwara

Magisches Quadrat

Kommunikation ist der Königsweg zur Lösung von Problemen und Herausforderungen

Bibliografische Information der Deutschen Nationalbibliothek:
Die Deutsche Nationalbibliothek verzeichnet diese Pu-
blikation in der Deutschen Nationalbibliografie; detail-
lierte bibliografische Daten sind im Internet über
http://dnb.dnb.de abrufbar.

Illustration: Günter Skwara

Herstellung und Verlag:

BoD – Books on Demand, Norderstedt

ISBN: **978-3-7528-2298-4**

Inhaltsverzeichnis

Vom Dialog zum Megalog
- Erfolg durch Effizienz

Gewinnt Freunde, schließt Bündnisse. Die im Miteinander geführte Mentale Kommunikation spart Geld, Zeit und Nerven.

Mentale Kommunikation ist der Schlüssel für Verständnis und Verstehen.
Nutzt diesen Schlüssel für die Türe, zu den Herzen Eurer Mitmenschen.

Auf der Basis des "Magischen Quadrates für Verstehen" beschreitet man den Königsweg, zur Lösung aller von Menschen verursachten Probleme und Herausforderungen.
Ohne die Anwesenheit der Menschheit gäbe es auf dem Planeten Erde viele der Probleme und Herausforderungen sowieso nicht.

Das **„Magische Quadrat für Verstehen"** verdeutlicht die erforderlichen Schritte, hin zu effizientem, konfliktfreiem Verstehen.
Nur mit voller Absicht lassen sich kommunikative Prozesse in Gang setzen.
Fortgesetzte Missverständnisse, Gleichgültigkeit oder Gewaltausbrüche werden durch die absichtsvoll angewandte **Mentale Kommunikation** verhindert.
Durch respektvolle Gesprächsbereitschaft wird der Fluss der Kommunikation aufrecht erhalten.

Die Vielschichtigkeit von Kommunikation wird deutlich, wenn das mentale Miteinander erkannt wird und dessen Wirkungsweisen angewandt werden.

Mentale Kommunikation

gewaltfrei im HIER und JETZT

Jegliche Kommunikationsabsicht besteht darin: Kontakt zu Personen, zu Tieren, zu Pflanzen oder selbst zu Gegenständen aufzunehmen. Dabei ist im ersten Moment nicht entscheidend ob dies bewusst oder nicht bewusst geschieht. Es passiert bei grundsätzlich jeder Gelegenheit, an jedem Ort, zu jeder Zeit. Und es hat nicht alleine etwas mit Sprechen zu tun!

Das Wort „Kommunikation" hat seine Wurzel im Lateinischen und bedeutet soviel wie "Mitteilung".

In den Wörterbüchern finden wir zudem noch die Bedeutungen:

"Verbindung", "Zusammenhang", "Verkehr", "Umgang", "Verständigung" und „Übertragung".

Die Art und Weise von Kommunikation die wir meinen, wenn wir davon sprechen, ist:

Mit einem oder mit mehreren anderen Menschen geistig oder mental auf denselben, gleichartigen Wellenlängen verbunden zu sein, also mit diesen Personen irgendwie zusammenzuhängen.

In diesem gemeinsam gestalteten Verstehen werden dabei Gedanken und Ideen absichtsvoll und mitteilsam ausgetauscht.

Darüber hinaus erleben wir ebenso die kosmisch kommunikative Wahrnehmung im Sinne der Sichtweise Geistiger Wesen:

Mit dem unsichtbaren, geistigen Kosmos sowie mit dem sichtbaren, physikalischen Universum dauerhaft verbunden sein, mit allem Belebten und Unbelebten.

Im Nichtbewussten geschieht das ständige Miteinander sowieso wie von selbst, gewissermaßen telepathisch.

Dies ist nämlich Bestandteil der Übereinstimmung die wir vor ewig langer Zeit als Geistige Wesen untereinander getroffen haben, womit wir uns alle, speziell in diesem, unserem physikalischen Universum zurechtfinden.

Was wir hier in Erfahrung bringen können, ist der bewusst gemachte Umgang zwischen Personen. Darüber hinaus ist uns der Kontakt mit Tieren, Pflanzen oder Gegenständen ebenfalls bewusst, wenn wir es bewusst zulassen.

Auch Telepathie ist insofern nichts anderes als das:

Bewusste Kommunikation und Verstehen im Geistigen.

Das Verstehen gründet sich unmittelbar auf einem möglichst hohen Gradienten von Wissen. Die Ansammlung von weiterem Wissen setzt dabei voraus, dass die Wirklichkeit sowie die Realität und die Wahrheit in Übereinstimmung gebracht werden, mit den jeweiligen Erfahrungen und den bereits vorhandenen Daten der miteinander kommunizierenden Personen.

Dieser Wissensschatz begründet mehr oder weniger Logik, bezogen auf die in Verwendung befindlichen Daten.

Jeglicher Mangel an in Übereinstimmung befindlicher Logik ist somit dem Wissen und damit dem Verstehen abträglich. Diese Art „Logik" kann bestenfalls als eine irgendwie geartete Meinung bezeichnet werden. Diese Meinung ist nun wiederum lediglich eine weitere Art und Weise von ganz persönlicher Betrachtung und, je unlogischer sie wirkt, nicht weit entfernt vom Nichtwissen, in der Art einer Lüge.

Jegliche Art und Weise der Kommunikation ist nur dann perfekt möglich, wenn eine möglichst weitgehende Übereinstimmung besteht. Und zwar sowohl bei der Aussendung als auch beim Empfang von Nachrichten.

Nichtübereinstimmung macht die Kommunikation geradezu unmöglich, sowohl wegen der Sprache (Fremdsprache) oder der Sprechweise (wie die Aussprache oder ein Dialekt) als auch wegen der mangelhaften Definition von Wörtern.

Zudem ergeben unterschiedliche Vorstellungen und Betrachtungsweisen völlig andere Weltbilder.

Wenn die eigentlich einfache Frage gestellt wird: „Was ist ein Baum?", so stellt sich jeder einen anderen Baum vor - Laubbaum oder Tannenbaum oder ... .

Erst eine schrittweise, im Verlaufe des Gesprächs erarbeitete, kommunikative Annäherung schafft eine mögliche Übereinstimmung.

Auch der jeweilige Blickwinkel sollte bei guter, korrekt geführter Kommunikation weitgehend der gleiche sein. Da Menschen oftmals in unterschiedliche Richtungen schauen, sei es politisch, religiös oder einfach beim täglichen Miteinander, sind Missverständnisse an der Tagesordnung.

Erst eine höhere Affinität sowie das kommunikativ angestrebte Verständnis füreinander beseitigt solche Ungereimtheiten.

Nur, wenn wir dazu bereit und in der Lage sind zu hinterfragen: „Welchen Baum stellst Du Dir jetzt gerade vor?", werden wir auf einen Nenner kommen und uns wieder verstehen.

Leute, die zu sehr auf ihrem eigenen Standpunkt beharren, verfestigen den an sich leichten, kommunikativen Ablauf, schaffen so verhärtete Dogmen und sperren den Weg für Verhandlungen ab.

Erst die Erkenntnis, dass die anderen Menschen auch andere Meinungen haben dürfen, ist der Türöffner zu „Herz und Hirn", zum Denken der Mitmenschen.
Wer sich weder rational noch emotional den Vorstellungswelten anderer nähern kann, ist auch unfähig zur Kommunikation mit jemand anderem.

Dazu gehört sowohl die Fähigkeit zur Anerkennung von als auch der Zuwendung zu jemandem und selbstverständlich auch die Bereitschaft zuzuhören.
„Zuhören können" ist vielen von uns weitgehend verloren gegangen.

Jedermann versucht vorrangig das eigene, erlebte Drama zu vermitteln, es gewissermaßen weiterzugeben, ohne allerdings im Gegenzug die Gelegenheit zu wirkungsvoller Hilfe zu eröffnen.
Hilfsangebote werden allein schon deswegen selten wirklich zugelassen, weil Menschen in der Vergangenheit, speziell in weit zurückliegender Vergangenheit, unangenehme Erfahrungen damit machen mussten.

Allerdings ist damit auch die Fähigkeiten zu einer bequemen Konfrontation des eigenen Dramas und dadurch ebenfalls der Befähigung in ausgeglichener Ruhe darüber sprechen zu können, oftmals eng begrenzt.

Sobald Menschen sich ihrem Umfeld, ihrer Umgebung verschließen, dies nicht mehr unvoreingenommen wahrnehmen können oder wollen, stirbt regelrecht die Fähigkeit zur Kommunikation.

Dabei ist wahrhaftig ausschließlich die dauerhafte Aufrechterhaltung effektiver und gewaltfreier Kommunikation das ultimativ wirkungsvolle Lösungsmittel für Problemstellungen aller Art.

Mit der Anwendung von mentalen Kommunikationsübungen wird die Fähigkeit der Person wieder hergestellt und dann auch stabilisiert, eine Kommunikation zu führen, in der Gegenwart, im HIER und JETZT, ohne durch Konflikte beladene Anstrengung.

Gegebenenfalls ist es dann zudem möglich, darüber hinaus einen vernünftigen Gesprächsverlauf in aller Ruhe zu lenken.

Der Fähigkeit zu geordneter, allgemein verständlicher, ehrlicher Kommunikation, in Verbindung mit geradliniger und bequemer Konfrontation, wird ein sehr hoher Stellenwert zugemessen. Dabei geht es immer um den harmonischen Umgang untereinander sowie mit der Umwelt.

Die **Kommunikation**, verbal, paraverbal, nonverbal oder anderweitig kreiert, ist nicht nur ein notwendiger Bestandteil beim guten Verstehen, sondern der als besonders wichtig anzusehende Part für das Unter-, Mit-, Für- und Zueinander.

Ein weiterer Bestandteil für das gute Verstehen ist: Die **Gemeinsamkeit** in der geistigen Wirklichkeit bis hin zu der räumlichen sowie der zeitlichen Realität und der gegenseitigen **Zuneigung** (zu Menschen, Tieren, Pflanzen, Mineralien, also auch zu so genannt unbelebter Materie).

Wirklichkeit geht hierbei weit über den Begriff der Realität hinaus. Denn als die Realität wird nur das angesehen, was außerhalb des Denkens existiert; das heißt unabhängig vom nur gedachten Sein.

Wirkliche, damit wirksam werdende Inhalte von den Vorstellungen, Gefühlen, Wünschen, Wahrnehmungen und Ähnlichem gelten in dem Alltagsverständnis zunächst einmal als nicht der Realität zugehörig.

So ist für die Naturwissenschaften Realität nur das, was der wissenschaftlichen Betrachtung und Erforschung zugänglich ist. Nicht Messbares aber dennoch Wirkliches hat keine Basis für Naturwissenschaft.

Vorrangig entsteht aus der **Absicht** heraus, in Kommunikation treten zu wollen, im kommunikativen Miteinander, das hohe Verstehen.

Der Wunsch und der Wille zum Dialog, zuzuhören und sich mitteilen zu wollen, sich in die Interaktion zu begeben, schafft erst die Atmosphäre, damit man auch verstehen möchte was andere bewegt.

Die schließlich gemeinsam erarbeitete **Übereinstimmung** schafft **Verständnis** füreinander: Das inhaltliche Begreifen, die Erkenntnis zu einem Sachverhalt. Dies darf nicht in der bloßen akustischen Kenntnisnahme bestehen, sondern es muss in der weitgehend logisch intellektuellen Erfassung des Zusammenhangs gipfeln, in dem der Sachverhalt steht.

Das **Verstehen**, als nicht nur kurzzeitig nachvollziehbare Interpretation, setzt einen weitreichenden Intellekt voraus, mit der entsprechenden Intelligenz eines Verstandes, der zum übereinstimmenden Miteinander fähig und bereit ist. Verstehen ist also nur aufgrund der prinzipiellen Identität von Erkenntnissubjekt zum Erkenntnisobjekt möglich.

Wenn Menschen sich verstehen, beinhaltet dies mehrere Aspekte. Zum Beispiel:

> Die Selbsterkenntnis, das Verstehen des eigenen Ich oder Selbst und möglichst auch dessen Akzeptanz.

> Ein Erfassen der sprachlichen Mitteilung des Anderen (trotz Fremdsprache oder Dialekt). Sprache ist dabei nichts anderes als die Bekleidung der Gedanken mit, in verschiedenen Kulturen, unterschiedlich verabredeten Lauten und Zeichen.

> Sympathie zwischen Menschen, die oft durch die Körpersprache ausgelöst oder noch verstärkt wird.

> Das verständnisvolle Einfühlen zum verständigen Miteinander, das intensive zwischenmenschliche Nähe voraussetzt und meist auch emotionale Aspekte enthält.

All diese Aspekte erfordern neben den Willensprozessen und den vom Verstand gesteuerten, analytischen beziehungsweise rein intellektuellen Prozessen auch eine gehörige Portion emotionaler Intelligenz.

Um das Verhältnis der Begrifflichkeiten zueinander zu verdeutlichen, anschaulich darzustellen, hier im Anschluss das „Magische Quadrat für Verstehen". Dies ist gewissermaßen eine Quadratur des Kreises.

Magisches Quadrat für Verstehen

1) **Absicht**   2) **Kommunikation**
3) **Ausgleich**   4) **Wirklichkeit**
5) **Gemeinsamkeit**   6) **Zuneigung**

7) **ÜBEREINSTIMMUNG**   8) **VERSTÄNDNIS**
9) **VERSTEHEN**

Dieses Quadrat versinnbildlicht das direkte Zusammenspiel von absichtsvollen Dialogen.

Mit Absicht geführte Kommunikation ruft im wechselvollen Ausgleich Zuneigung hervor, über die Wirklichkeiten hin zur Gemeinsamkeit.

Daraus entsteht dann eine dauerhafte Übereinstimmung sowie das Verständnis füreinander und gutes Verstehen.

Verständnis untereinander und Verstehen im
Miteinander wachsen zunehmend in brauchbarer
Übereinstimmung.

Dies umso mehr, je intensiv gezielter die einzelnen Bestandteile des Quadrates bewusst angewandt
und gepflegt werden.

Das „Magische Quadrat" zeigt den Weg auf, hin zu Verständnis und Verstehen.

Das „Magische Quadrat", das diese Zu- oder Ab-
nahme von einem möglichst hohen Verstehen versinnbildlicht, kann somit durch aktives Tun entweder
größer oder kleiner gemacht werden.

Das Verstehen erhöht sich tatsächlich auf Gradienten, Stück für Stück, solange über die verschiedenen Formen der Kommunikation Gemeinsamkeiten in
den jeweiligen geistigen Wirklichkeiten sowie in der
physischen Realität gefunden werden können.

Ohne eine solche, gemeinsam erlebbare Realität
können wir eben gar nicht oder lediglich unvollkom-
men miteinander kommunizieren.

Mit der Zunahme von gemeinsam Erlebtem
wächst zugleich auch die Zuneigung zueinander an.
Wir finden immer wieder Gesprächsstoff.

Fehlt allerdings durch Streit, Zwietracht und Un-
einigkeit die Gemeinsamkeit mit anderen Personen,
wird keine korrekte Kommunikation mehr zustande
kommen.

Das Verstehen für andere oder für die Dinge der Umgebung geht völlig verloren, wenn bei fehlender Fähigkeit zur Kommunikation sowohl die Bezugspunkte zur Realität als auch sodann die Annäherung durch Zuneigung schwinden.

Nochmal: Wenn irgendeiner der neun Aspekte des „Magischen Quadrates für Verstehen" gestärkt wird, wächst es insgesamt an und damit steigt zugleich das Verstehen.

Wird demzufolge irgendein Aspekt des Quadrates vermindert, so reduziert sich unmittelbar das gegenseitige Verstehen.

Besonders der bewusste Umgang mit dem Wissen um diese Zusammenhänge bei dem „Magischen Quadrat" für Verstehen durch Kommunikation, kann den Umgang der Menschen untereinander enorm erleichtern.

Dass damit der Umgang mit allen Wesenheiten (Menschen, Tieren, Pflanzen), mit den Energien und mit den vielgestaltigen Dingen aus Materie sowie mit den Gesetzmäßigkeiten der Vorgänge im physikalischen Universum ebenso wie in den geistigen Kosmen verständlicher wird, bemerken wir, sobald wir beginnen all die Prinzipien zu erkennen, sie generell umzusetzen und gezielt anzuwenden.

Das Verstehen für unsere Umgebung, unsere Umwelt mit all seinen Bewohnern, lässt nach, sobald wir uns nicht oder nicht mehr damit beschäftigen.

Wenn wir unserem Umfeld unsere Zuneigung oder einfach nur die Hinwendung entziehen, verlieren wir das Wissen darüber. Ohne dieses Wissen verlieren wir im Nachzug immer mehr unsere Basis für das kommunikative Miteinander. Die Katze beißt sich wieder einmal in den eigenen Schwanz.

Die Prinzipien des „Magischen Quadrates"

Wirklichkeit

Kommunikation orientiert sich überwiegend oder sogar immer an der relativen Wirklichkeit, auch als Realität bekannt.

Wirkliche, damit wirksam werdende Inhalte von den Vorstellungen, Gefühlen, Wünschen, Wahrnehmungen und Ähnlichem gelten in dem Alltagsverständnis zunächst einmal als nicht der Realität zugehörig.

So ist für die Naturwissenschaften Realität nur das, was der wissenschaftlichen Betrachtung und Erforschung zugänglich ist. Das nicht Messbare aber dennoch Wirkliche hat keine Basis für Naturwissenschaft.

Wirklichkeit ist die höhere Realität, mit der Menschen sowie Wesen an einem Ort zu einer Zeit gemeinsam übereinstimmen.

Hierbei übersteigt der Begriff Wirklichkeit noch ein ganzes Stück die Definition von Realität. Denn als die Realität wird nur das angesehen, was außerhalb des Denkens existiert; das heißt unabhängig vom nur gedachten Sein.

Unter dem was wirklich ist, verstehen wir nicht nur die Eindrücke, die wir über unsere Sinne wahrnehmen können, sondern ebenso unsere geistige Vorstellung vom Wirklichen. Hierbei kommt es zu Überschneidungen.

Wirklich ist somit sowohl die Außenwelt als auch die Welterkenntnis mittels Emotion, Gefühl und Denkvermögen.

Der deutsche Philosoph und Hochschullehrer Arthur Schopenhauer stellt in seinem Werk „Die Welt als Wille und Vorstellung" folgende, sehr berechtigte Fragen:

„Was rechtfertigt unseren Anspruch, die Außenwelt richtig zu erkennen? Unter welchen Umständen gelangen wir zu einer solchen Erkenntnis? Inwieweit entspricht die Wirklichkeit unserer Vorstellung und unserem Glauben? Welche Beziehung besteht zwischen uns als erfahrenem Individuum und der Wirklichkeit, die wir behaupten zu erkennen?"

Stellen wir uns nur einmal zwanzig Maler vor die alle dasselbe Modell malen. Jeder hat einen anderen Blickwinkel sowie eine andere Art der Betrachtung.

Jeder sieht das Modell mit seinen eigenen Augen und erschafft es nach seinen Fähigkeiten. So entstehen zwanzig verschiedene Abbilder des gleichen Modells. Dennoch stellt jedes einzelne Bildnis für den jeweiligen Maler seine spezielle Wirklichkeit dar.

Wir können sogar noch einen Schritt weiter gehen und sagen:

„Jeder Maler hat seine Wirklichkeit in das Modell projiziert."

Die Wirklichkeit macht uns in unserer Kreativität frei, sie lässt uns hinschauen und die Dinge zumindest so entdecken, wie sie gerade eben als real erscheinen oder sogar sind.

Wahrheit

Ähnlich wie bei der Wirklichkeit verhält es sich mit der so genannten Wahrheit, ohne die es schließlich keine Wirklichkeit geben kann.

Es gibt niemals die hundertprozentige Wahrheit, sondern wiederkehrend nur den Annäherungswert, zu dem, was relativ wahr ist.

Wahrheit ist immer direkt in Übereinstimmung mit Wirklichkeit zu sehen. Eine Tatsache oder ein Sachverhalt kann demnach ebenso wahr sein wie eine Absicht oder eine als richtig wahrgenommen Auffassung in der Übereinstimmung mit Erkenntnissen, Erfahrungen und Überzeugungen.

Wahrheit kann man abgrenzen von Falschheit oder der Lüge, als absichtlicher Äußerung der Unwahrheit, und vom Irrtum, als dem fälschlicherweise für wahr gehaltenen.

Die Frage nach der Wahrheit wird als zentrales Problem der Philosophie und der Logik von verschiedenen Theorien unterschiedlich beantwortet.

In der Geschichte dominiert über weite Strecken die Wahrheitstheorie von der Korrespondenz oder der Adäquation der Wahrheit.

Diese Theorie geht von der Wahrheit als einer Übereinstimmung gedanklicher Vorstellungen mit der Wirklichkeit aus.

Aristoteles meinte, als Verfechter dieser Theorie:

„Zu sagen nämlich, das Seiende sei nicht oder das Nicht-Seiende sei, ist falsch. Dagegen zu sagen, das Seiende sei und das Nicht-Seiende sei nicht, ist wahr. Wer also ein Sein oder Nicht-Sein prädiziert (bekannt macht) muss Wahres oder Falsches aussprechen. Nicht darum nämlich, weil unsere Meinung, du seiest weiß, wahr ist, bist du weiß, sondern darum, weil du weiß bist, sagen wir die Wahrheit, indem wir dies behaupten."

In der dialektisch-materialistischen Widerspiegelungstheorie heißt es:

Die Wahrheit ist eine Übereinstimmung des Bewusstseins mit dem bewussten Objekt. Sie steht im Dienst der Praxis und wird allein daran gemessen.

Karl Marx drückte dies in seiner zweiten These über Feuerbach aus:

„Die Frage, ob dem menschlichen Denken gegenständliche Wahrheit zukomme, ist keine Frage der Theorie sondern eine praktische Frage. In der Praxis muss der Mensch die Wahrheit, das heißt Wirklichkeit und Macht, Diesseitigkeit seines Denkens beweisen. Der Streit über die Wirklichkeit oder Nichtwirklichkeit des Denkens – das von der Praxis isoliert ist, ist eine rein scholastische Frage."

In den modernen Pragmatismus- und den Intersubjektivitätstheorien bezeichnet „Wahrheit" üblicherweise eine Eigenschaft von Überzeugungen oder Meinungen. Intersubjektivität wird von Charles S. Peirce als das Resultat einer unbegrenzten Forschergemeinschaft aufgefasst, er sagt dazu:

„Andererseits sind alle Vertreter der Wissenschaft von froher Hoffnung getragen.
Davon, dass die Prozesse der Forschung, wenn sie nur weit genug voran getrieben werden, zu jeder Frage, auf die sie angewendet werden, eine sichere Lösung ergeben werden. [...]

Sie mögen zuerst unterschiedliche Ergebnisse erhalten, aber wenn jeder seine Methoden und Prozesse perfektioniert, wird man feststellen, dass die Ergebnisse sich stetig auf ein vorbestimmtes Zentrum hinbewegen. [...]

Die Meinung, der alle Forscher schicksalhaft am Ende zustimmen müssen, ist das, was wir mit Wahrheit meinen und der Gegenstand der durch diese Meinung repräsentiert wird ist das Reale."

In Grundlagen der Mathematik demonstriert ausschließlich die Beweisbarkeit den Wahrheitsbegriff. Ein Beweis bedeutet dabei die Wahrheit.

Wir sehen, jegliche Wahrheit ist vielschichtig und kann aus ganz verschiedenen Blickrichtungen völlig unterschiedlich interpretiert werden. Wenn ich jetzt noch die oft dogmatisierten Betrachtungsweisen von Religions- und Glaubensgemeinschaften ins Kalkül ziehen würde, würde die Verwirrung perfekt werden.

Daher belassen wir es einfach bei der Relativität von all den Wahrheiten, ihren verschiedenen Anschauungsmöglichkeiten und Betrachtungsweisen, einfach aus unterschiedlichen Gesichts- und Standpunkten heraus.

Wenden wir uns nachfolgend den, zur Übereinstimmung mit den Realitäten beim Kommunizieren, sicherlich wesentlich leichter zu fassenden Begriffen zu (!?!).

Logik

Der griechische Ausdruck **Logos**, lógos (lat.: verbum, hebr.: davar) verfügt über einen außerordentlich weiten Bedeutungsspielraum.

Unspezifisch ist der Logos im Sinne von Wort und Rede sowie deren Gehalt oder Sinn. Logos bezeichnet aber auch das geistige Vermögen und zudem das, was dieses hervorbringt, wie zum Beispiel „Vernunft".

Darüber hinaus findet Logos Verwendungen als: Definition, Argument, Rechnung oder Lehrsatz. Auch die philosophischen und religiösen Prinzipien werden mit dem Ausdruck Logos bezeichnet. Ferner ist er ein allgemeineres Prinzip der Weltvernunft oder ein Vernunftprinzip des geordneten geistigen Kosmos sowie des physikalischen Universum. Gleichsam auch ein Gesamtsinn von Wirklichkeit und Realität oder eine die Welt durchdringende Gesetzmäßigkeit.

Logik (direkt abgeleitet von dem griechischen "logos": Wort, Rede, Aussage, Behauptung sowie Vernunft, ...) wurde einst als die "Wissenschaft vom richtigen Schließen" von Aristoteles (384-322) begründet.

Logik ist hierbei:

Die Lehre von den Prinzipien des richtigen, das heißt, des schlüssigen Denkens und Beweisführens.

Diese wissenschaftliche Anschauung hat durch das Mittelalter hindurch, bis zu den Philosophen Kant und Hegel, die verschiedensten philosophischen sowie die theologischen Erweiterungen erfahren.

„Welche Wortspiele und Verrenkungen die Logik auch anstellen mag - verstehen heißt vor allem vereinen. Das tiefe Verlangen des Geistes trifft sich selbst bei seinen verwegensten Schritten mit dem unbewussten Gefühl des vor seine Welt gestellten Menschen:

das Bedürfnis nach Vertrautheit, das Verlangen nach Klarheit.

Diese Welt verstehen heißt für einen Menschen, sie direkt auf das Menschliche zurückführen, ihr seinen Siegel aufdrücken."

Albert Camus in „Der Mythos des Sisyphos"

Logisches Denken hat immer eine Schlussfolgerung. Es ist demnach eindeutig folgerichtiges Denken.

Wenn man also eine Sache, auf der Grundlage „allgemein anerkannter Zusammenhänge", aus einer anderen schlussfolgert.

So bedeutet schlussfolgerndes Denken:

**Man kommt von etwas Gegebenem
zu etwas Neuem.**

Im einzelnen kann dies zum Beispiel bedeuten, dass:

> man einen gegebenen Sachverhalt genauer erschließt, wenn man erkennt was impliziert (mit eingeschlossen) ist;
> man aufgrund immer wiederkehrender Phänomene Regelmäßigkeiten oder Wirkungszusammenhänge annimmt;
> man Ähnlichkeiten erkennt und versucht, Bekanntes auf Unbekanntes zu übertragen.

Schlussfolgerndes, logisches Denken hat also verschiedene Aspekte, die durch zwei Fragen systematisch erschlossen werden können:

01) **Problem der Gültigkeit**
oder Verlässlichkeit

> Wie / Wodurch gelangen wir zu gültigen Schlussfolgerungen; inwieweit können wir sicher sein, dass unsere Schlussfolgerungen richtig sind?

02) **Problem der Innovation**

> Wie / Wodurch kommen wir zu neuen Einsichten, entdecken wir Zusammenhänge zwischen ursprünglich unverbundenen Sachverhalten?

Die Logik sowie das logische Denken sind immer abhängig von dem vorhandenen oder dem zu erschließenden Datenmaterial.

Sind die Informationen oder Daten unvollständig, falsch oder verfälscht, so ergibt sich ein völlig anderer „logischer Schluss" als wären die Daten richtig oder zumindest weitgehend richtig.

Somit ist die Logik immer auch wieder abhängig vom jeweiligen Standpunkt des Betrachters, seinen eigenen Einsichten, seinen Erkenntnissen und nicht zuletzt seinen Interessen.

Deshalb wird auch dem männlichen Geschlecht häufig eine andere Art von Logik beigemessen als dem weiblichen „Gegenstück".

Glauben, Wissen zur Weisheit

Der Begriff „Wissen" stammt vom althochdeutschen „wizzan" beziehungsweise der indogermanischen Form „woida", was soviel bedeutet wie: „Ich habe es gesehen", oder auch „ich weiß".

Von dieser indogermanischen Wurzel „weid" leiten sich auch das lateinische „videre": „sehen" und im Sanskrit „veda" für „Wissen" ab.

Übrigens sind damit auch die Worte „Witz", „Witzigkeit" oder die „Gewitztheit" verwandt. Deren Wortstamm ist nämlich ebenfalls „wizz", trägt damit die alte Grundbedeutung von „Verstand", „Schlauheit" oder „Klugheit". Dies begegnet uns in der Redewendung „Witz und Verstand".

Die Zusammenfassung uralten Wissens heißt bei den Druiden der Neuzeit, den Weisen in Eurasien (Europa + Vorder-Asien), "Wyda". Dies klingt wiederum dem Wort "Wede" sehr ähnlich.

Wissen jeder Art galt zu Zeiten der kelto-germanischen Großkultur als Trinken vom Met Wotans, des Gottes der Weisheit.

Im Gotischen war das Wort für Wissen sogar „witan", das mit „Wotan" ähnlich ist.

Das Wissen wird traditionell als
wahre, gerechtfertigte Meinung bestimmt.

Diese recht klare Definition ermöglicht die eindeutige Unterscheidung zwischen dem Begriff Wissen und den verwandten Begriffen Überzeugung, Glauben und allgemeiner Meinung. Sie entspricht zudem weitgehend dem alltäglichen Verständnis von Wissen als „**Kenntnis von etwas haben**".

Aus meiner Erfahrung gilt in der Bevölkerung oftmals das Wort: „Glauben heißt nichts wissen!"

Meiner Überzeugung nach sollte man jedoch nicht so krass urteilen. Glaube ist immerhin ein entscheidender Schritt, heraus aus dem ignoranten „Nichtwissen", einem verlogenen oder verdrängten Wissen, bis hin zur Wissensgewissheit und weiter zum weitgehend vollständigen Wissen.

Dazwischen befindet sich der Glaube. Dieser Zwischenschritt akzeptiert zum Glück bereits, dass es mehr gibt, als Menschen auch ohne handfesten Beweis hinnehmen können oder müssen. Er öffnet uns den Weg zum höheren Selbst, somit zur Weisheit.

Gemeinsamkeit

Verbindende Kräfteverhältnisse der mentalen Kommunikation schaffen sowohl die Komplementärgemeinschaften (Partner) als auch Symmetriegemeinschaften (Team).

Wenn Menschen miteinander sprechen beziehungsweise auf irgendeine andere Art kommunizieren, rücken sie automatisch näher zusammen.

Dies geschieht nicht nur wegen der Möglichkeit des akustischen Verstehens, sondern eben auch wegen der Verständigung unter- und zueinander.

So ein Automatismus lässt sich übrigens auch in der Tierwelt beobachten.

Über die Art und Weise übereinstimmender Kommunikation bilden sich Wolfs-Rudel ebenso wie Ameisen-Haufen oder Bienen-Stöcke.

Gemeinschaftsgeist und Gemeinschaftssinn entstehen aus dieser Verbundenheit untereinander.

Das „Magische Quadrat für Verstehen" sorgt, im Verlaufe der Durchführung von 1 bis 9, für ein Zusammengehörigkeitsgefühl, für Kameradschaftsgeist sowie für Solidarität und für den Zusammenhalt, bis hin zur Loyalität und für Gemeinsinn in größeren Organisationseinheiten.

Die Überzeugungskraft des „Magischen Quadrates" sorgt absichtsvoll für Einheit und Gleichartigkeit, in Einigkeit und Harmonie.

Wenn das „Magische Quadrat für Verstehen" bei der Mentalen Kommunikation angewandt wird, gilt dies nicht ausschließlich für menschliche Verbundenheit.

Die Gemeinsamkeit drückt sich in all den folgenden Worten besonders deutlich aus: Einklang, Einigkeit, Einhelligkeit, Eintracht, Einvernehmen, Einverständnis, Einmütigkeit, Einheit.

Hier ist „Ein-" das verbindende Element zum Miteinander. Hier ist gemeint, Eins zu werden, eine Verbindung aus Vielen zu einer Gesamtheit zusammenzufügen.

Im Gegensatz zur „Einsamkeit", das ja auch im Wort Gem<u>einsamkeit</u> vorkommt aber keinerlei Mehrsamkeit zulässt. Der oder die Einsame ist entweder sich selbst genug oder beherrscht es nicht sich anderen mitzuteilen.

Manchmal verhält sich eine solche Person sogar ausgesprochen kratzbürstig. Damit verscheucht sie dann andere Lebewesen, die sich ihm/ihr nähern wollen. Es bedarf aber, für eine wirkliche Kommunikationsabsicht, immer zumindest ein Gegenüber, mit dem man sich austauschen kann und möchte.

Gute, effektive Kommunikation ist sowohl die Voraussetzung für, als auch das Ergebnis von Übereinkommen und Anerkennung untereinander.

Die Schaffung eines gleichen Sinnes, mit dem Konsens bei all den Beziehungen, Partnerschaften und Gemeinschaften, kann als Zielrichtung von Kommunikation angesehen werden.

Dies ist die Grundvoraussetzung für jegliche Art von Zusammenarbeit, entweder im gleichberechtigten Miteinander oder ebenso bei hierarchisch konstruierten, oft eher kommunikationsfeindlichen Leitungsgefügen.

Der Frieden in der Welt, sowohl in einfachen Zweisamkeiten, als auch in den Gruppenbeziehungen, bis hin zu größeren Bündnissen und sogar Staaten, kann mit der **Magie des Quadrates** geschaffen und dann erhalten werden.

Zuneigung

Aus einer Gemeinsamkeit erwächst eine mehr oder minder tiefe Zuneigung, je nach den Gradienten von Sympathie oder Antipathie.

Wobei auch aus anfänglicher Antipathie, im Verlaufe von guter Kommunikation, eine gewisse sympathische Haltung entstehen kann.

Gemeinsame Neigungen, in dem Sinne von einander zugeneigt sein (manchmal tatsächlich im wahrsten Sinne des Wortes), verbinden und schaffen Bezug, bis hin zu Beziehungen.

Solche Verbindungen entstehen aus fortgesetzter Kommunikation, im Felde des „Magischen Quadrates". Aus einem anfänglich nur schwachen Band entsteht im Fortgang ein Bund.

Aus einer nur flüchtigen Bekanntschaft wächst die Freundschaft und kann sogar eine enge Partnerschaft werden. Insbesondere bei geistreichen Gesprächen wird oft eine Geistes-, Seelen- oder Wesensverwandtschaft erlebbar.

Miteinander verwandt zu sein, hat, fast wie selbstverständlich, immerwährende Kommunikationsabsicht im Gepäck.

Schwindet diese, so löst sich sogar eine Verwandtschaft in Wohlgefallen auf, sie verliert an bindender Notwendigkeit und Wichtigkeit.

So genannte Wahlverwandtschaften können sogar wesentlich intensiver sein, wenn Kontakte oftmals zustande kommen.

Die Mentale Kommunikation wirkt wie eine Klammer oder eher eine Brücke, von Wesenheit zu Wesenheit.

Ihre starke Anziehungskraft, die der aktiv angewandten Magie des Quadrates entspringt, mündet nicht selten in erhöhter Affinität und damit einer größeren Nähe in Freundschaft.

Wenn jemand den Schlüssel für ein Verhältnis wie die Liebe sucht, so findet er ihn bei guter, Mentaler Kommunikation.

Die Lebewesen (Menschen) finden entsprechende Ähnlichkeiten zu sich selbst. Der andere oder die andere wird vergleichbar mit Lebewesen ähnlicher oder gar gleicher Art. Er/Sie wird zu einem Ebenbild.

In der Bibel heißt es dazu:

„Adam erkennt Eva und sie werden eins."

Die weitgehend ähnlichen Umgangsformen lassen Interaktion zu. Damit kommt es ebenso zum Gleichklang der Emotionen.

Aus einem solchen Kontakt folgt die Berührung, die entsprechende Erlaubnis vorausgesetzt.

Die Mentale Kommunikation mündet dann im Fühlen oder Erfühlen von Intimität.

„Ich höre und vergesse.
Ich sehe und behalte.
Ich handle und verstehe."

Konfuzius

Verstehensfaktoren

für effektive, Mentale Kommunikation

Leben ist Kommunikation! Ohne die Kommunikation gibt es weder ein lebendiges Miteinander noch Leben überhaupt.

Ausschließlich durch den ursprünglichen kommunikativen Austausch von Informationen, waren Zellen jemals in der Lage größere Zellverbände oder Zellstaaten zu bilden.

Jegliche Körpereinheiten, wie beispielsweise auch die menschlichen, können nur zustande kommen, indem sowohl die einzelnen Organe, angefangen bei der graurosa Masse, genannt: Gehirn, als auch alle Zellen miteinander andauernd in Kommunikation stehen.

Stirbt dieser Informationsaustausch, weil Zellen oder Organe nicht mehr richtig funktionieren, stirbt der gesamte Körper im fortwährenden Prozess. Eventuell nicht sofort total, aber dennoch mehr und mehr, denn das Sterben kann ein sehr langwierig sein. Der völlige Tod ist, vom Standpunkt jenes Körpersystems aus betrachtet, ein ausgesprochen kommunikationsloser Zustand.

Entsprechend verhält es sich selbstverständlich auch im Zwischenmenschlichen. Die Menschen die sich selbst von der Kommunikation ausschließen oder die, aus welch „wichtigen" Gründen auch immer, von anderen ausgeschlossen werden, nehmen, objektiv betrachtet, nicht mehr am sozialen Lebensprozess teil.

Ihre Lebendigkeit verringert sich in solchen Fällen extrem. Dies betrifft deren Teilnahme am gesellschaftlichen Miteinander. Gefängnisse sind dabei genauso ausschließend wie Heim- oder Krankenhausaufenthalte.

In früheren Zeiten hat man das Mittel der Verbannung angewandt, um Leute aus einer Gemeinschaft zu verstoßen. Damit ist die Kommunikation mit ihnen, für alle anderen Mitglieder der Gruppe, zum Tabu erklärt worden.

Mit den prinzipiellen Faktoren des „Magischen Quadrates für Verstehen" lassen sich so manche Zusammenhänge erklären.
Dabei überragt die dynamische Fähigkeit zur Kommunikation, jeglicher Art und Form, so gut wie alle anderen Faktoren.
Die Faktoren bedingen einander, sie fließen ineinander und sie wirken niemals für sich allein, wenn es um das Kommunizieren geht.
Lass Dich jetzt entführen, in die Welten der Faktoren, die für besseres Verstehen und für mehr Verständnis maßgeblich sind.
Entsprechend dem „Magischen Quadrat" haben wir es mit neun entscheidenden Faktoren zu tun, hin zu Verständigung und Verstehen:

> 01) **Absicht** > 02) **Kommunikation**
> 03) **Ausgleich** > 04) **Wirklichkeit**
> 05) **Gemeinsamkeit** > 06) **Zuneigung**
> 07) **Übereinstimmung** > 08) **Verständnis**
> 09) **Verstehen**

Vorrangig gilt: Effektive Kommunikation wird immer mit Absicht geführt, wobei es eine absichtslose Kommunikation sowieso niemals gibt.

Schließlich ist eine Kommunikation laut Definition eine **Mitteilung**.

Dafür braucht es nun mal aktive (Aus-)Sender und einen oder mehrere passive Empfänger.
Sogar aus jedem Radio, dem Fernseher oder aus Zeitungen kommt uns die mit Absicht geäußerte Kommunikation entgegen.

Sobald wir in Kontakt mit anderen Wesen treten, sowie mit den Dingen unserer Umgebung, hegen wir die Absicht uns in irgendeiner Form mitzuteilen.

Dies beinhalten bereits die beiden Worte: „**Mit**"= als das Dabeisein in einer großen Gemeinschaft und „**Teilen**" = etwas von uns abgeben, zum Miteinander beitragen.

Auch die weiteren Bedeutungen der Definition: „Verbindung" = mit anderen oder etwas verbunden sein, „Verständigung" = ständig, also dauerhaft dazu gehören, und „Übertragung" = eine Information hinüberbringen, verstärken den Eindruck, dass Kommunikation in keinem Falle nur einfach so, absichtslos, funktioniert.

Ohne Absicht zu kommunizieren kann ich mir einfach nicht vorstellen. Selbst das Dahin-Brabbeln bei Selbstgesprächen verfolgt eine unterschwellige Absicht, ein mehr oder weniger bewusstes auf sich aufmerksam machen.

In dem Verlaufe der weiteren Ausführungen wird uns die erkennbar konstruktive Absicht der Vermittlung von Information beziehungsweise der Kommunikation wiederholt begegnen und noch deutlicher werden.

Würde die Absicht im Miteinander fehlen, so fehlte jeglicher Wille beizutragen, zum Verstehen anderer Menschen sowie der geistig kosmischen und natürlich der universalen Zusammenhänge.

Nur im eigenen Saft brodeln zu wollen (was sowieso nicht funktioniert) ist sogar ausgesprochen kommunikationsfeindlich.

Paul Watzlawick (österreichischer Kommunikationswissenschaftler) bezeichnet die nonverbale Kommunikation (Beziehungsebene) als analog, im Gegensatz zur verbalen Kommunikation (Inhaltsebene), die er als digital bezeichnet.

Die digitale Kommunikation verfügt über eine komplexe und logische Syntax (Lehre vom Satz, vom korrekten Satzbau, der Satzbau selbst), entbehrt aber auf dem Gebiet der Beziehungen einer Semantik (im zeichentheoretischen Sinne - die Bedeutung von Zeichen). Die analoge Kommunikation verfügt über ein semantisches Potenzial auf dem Gebiet der Beziehungen, entbehrt aber einer Syntax, die eine eindeutige Definition der Natur von Beziehungen leisten kann.

Watzlawick stellte fünf Axiome auf (dies sind Grundregeln oder Grundsätze die keines Beweises bedürfen), die jegliche menschliche Kommunikation erklären und ihre Paradoxie zeigen:

1. Man kann nicht nicht kommunizieren

„Man kann sich nicht nicht verhalten. Wenn man also akzeptiert, dass alles Verhalten in einer zwischenpersönlichen Situation Mitteilungscharakter hat, das heißt Kommunikation (nicht nur mit Worten) ist, so folgt daraus, dass man, wie immer man es auch versuchen mag, nicht nicht kommunizieren kann."

2. Jede Kommunikation hat einen Inhalts- und einen Beziehungsaspekt

"Jede Kommunikation hat einen Inhalts- und einen Beziehungsaspekt, wobei letzterer den ersten bestimmt."

3. Kommunikation ist immer Ursache und Wirkung

"Die Natur einer zwischenmenschlichen Beziehung ist durch die Interpunktion der Kommunikationsabläufe seitens der Partner bedingt."

4. Menschliche Kommunikation bedient sich analoger und digitaler Modalitäten

„In der Kommunikation gibt es zwei Möglichkeiten Objekte darzustellen.

Zum einen kann man sie durch die Analogie (zum Beispiel durch eine Zeichnung) ausdrücken oder dem Objekt einen Namen geben.

Nicht nur das gesprochene Wort (die digitale Kommunikation), sondern auch die nonverbalen Äußerungen (beispielsweise Lächeln oder ein Pokerface zeigen, Anschauen oder Wegblicken, ...) teilen etwas mit."

5. Kommunikation ist symmetrisch oder komplementär

"Die zwischenmenschlichen Kommunikationsabläufe sind entweder symmetrisch oder komplementär, je nachdem ob die Beziehung zwischen den Partnern auf Gleichgewicht oder Unterschiedlichkeit beruht."

Verbale (digitale) Kommunikation

Hierunter verstehen wir die Kommunikation mittels Sprache; denn verbal (lat. verbum „Wort") bedeutet allgemein: Sich in Worten oder mit Hilfe der Worte zu verständigen, also mittels der Sprache.

Um sich verständlich zu machen bedarf es allerdings mehr als nur den Gebrauch von Worten.

Selbst, wenn jemand sagt: „Ich kann Dich verstehen!", so heißt es noch lange nicht, dass derjenige auch den Sinngehalt der Botschaft erfasst. Vielleicht meint er einfach nur das akustische Wahrnehmen von Tönen!?

Die jeweilige Verständlichkeit hängt vielfach vom Verstehen einer Sprache ab, wie beispielsweise einer Fremdsprache oder eines Dialektes. Selbst hier ist das eine Verstehen nicht gleich dasselbe Verstehen. Die Nuancen in den Aussagen sind manchmal sehr vielschichtig.

Wenn zum Beispiel ein typischer Bayer (ein Bewohner von Bayern) jemanden als „Hundsbua" (ein Hundsjunge = starker Typ) oder als „Bazi" (übersetzt: pfiffiger Typ) bezeichnet, so sind diese Worte in Bayern eine Art liebevolle Ansprache.

Die gleichen Ausdrücke zu einem typischen Preußen oder irgendeinem anderen Landsmann gesagt, können leicht als Beleidigung aufgefasst werden. Wobei hier auch noch die paraverbalen Untertöne beachtenswert sind.

Die Gebärdensprache der Taubstummen ist übrigens nicht alleine eine Art von Übersetzung der gesprochenen Worte in die Bewegungen der Hände, der Finger und des Mundes.
Sie ist als Sprechweise eigenständig.

Paraverbale
Kommunikation

Hier spricht man von paralinguistischen Merkmalen. Es geht um die Art und Weise des Sprechens, den Stimmeigenschaften und dem Sprechverhalten.

Zum Beispiel können unterschiedliche Lautstärken während einer ganz normalen Unterhaltung gewählt werden. Der Grund dafür muss nicht unbedingt die Schwerhörigkeit des Gegenüber oder die Entfernung dazwischen sein.

Sich gegenseitig etwas Zuflüstern ist möglicherweise keineswegs ein Zeichen für Nähe und Intimität. Es muss nicht davon ausgegangen werden, etwa daran messen zu können, ob die Gesprächspartner sich mögen. Geheimnisse die sonst niemand hören soll und Gerüchte, werden gerne mit verminderter Lautstärke vermittelt. Damit soll Wichtigkeit geschaffen werden.

Laut oder leise zu kommunizieren ist oft einfach ein vorübergehender Ausdruck der Stimmungslage des Senders der Informationen. Es kann auch sein, dass jemand eine Aussage besonders deutlich und betont vermitteln möchte.

Mit einer erhöhten Lautstärke ist es zudem möglich, wie bereits erwähnt, die Schwerhörigkeit ein wenig auszugleichen.

Auch die geistige Abwesenheit eines Zuhörers lässt sich mit mehr Lautstärke ausgleichen. Wenn dieser „in Gedanken" ist, bedarf es nur einer etwas lauteren Ansprache, um ihn für das Gesagte aufmerksamer zu machen.

Manchmal habe ich bemerkt, dass jemand als ein „Schwerhöriger" angesehen wurde, obwohl er lediglich mit seinen Gedanken eine Zeit lang abwesend oder anderweitig beschäftigt war.

Laut und deutlich zu sprechen ist keine Unart, sondern einfach das Bedürfnis, mit dem Gesprochenen auch wirklich verstanden zu werden.

Dabei sollte ein Mensch dosiert mit seiner Art zu sprechen umgehen können. Das heißt, zur richtigen Zeit die Stimme zu senken oder zu heben.

Nicht alles, was man seinen Mitmenschen vermitteln will, ist immer im gleichen Masse wichtig.

Genau wie „ewige Flüsterer" werden die „dauernden Schreihälse" irgendwann nicht mehr ernst genommen. Mögliche Zuhörer gehen automatisch dazu über, die Mitteilung geflissentlich zu überhören (scheinbar völlig absichtslos, allerdings in Wahrheit ganz bewusst), weil einfach keinerlei besondere Wichtigkeit mehr wahrgenommen wird.

Mit der Kraft unserer Stimme sind wir in der Lage Entfernungen zu überbrücken und über störende Geräusche hinweg zu kommunizieren.

In extremen Notsituationen können wir mit sehr schrillen Hilfeschreien auf uns aufmerksam machen.

Die Lustlaute und Luststöhnen sind ebenfalls Äußerungen unseres Erlebens. Sie sollen unsere Geschlechtspartner animieren.

Laute Schreie der Wut, des Zorns sowie der Angriffs- und der Jagdlust wurden in früheren Zeiten ausgestoßen, sowohl um anderen zu imponieren als auch um sich selbst anzufeuern, zu motivieren. Das wilde Geschrei sollte den Gegnern Angst einjagen.

Solches Imponiergehabe wurde auf den Schlachtfeldern praktiziert, noch vor den darauf folgenden häufig tödlichen Nahkämpfen.

Heute kennen wir dies noch im Sport, besonders zu Beginn von Eishockey- oder von Footballspielen sowie beim Boxen und bei fernöstlichen Kampfsportarten. Es sollen dabei entweder animalische oder besonders energiereiche Kraftpotenziale freigesetzt werden.

Sehr wichtig beim Reden ist die bewusst oder unbewusst betonte Sprechweise.

Nur ein klein wenig anders ausgesprochen, wirkt der Gebrauch von Worten und Sätzen gleich ganz anders. Ein emotional gefärbter Tonfall oder eine gewisse Stimmlage, grimmig oder freundlich, machen aus einfachen Worten gefühlvolle Ausdrucksweisen.

Die Sprachmelodie verändert sich entweder zu einem angenehmen Miteinander oder sie wirkt abstoßend.

Diese Sprachmelodien, ihre Artikulationen sowie das Sprechtempo, sind oftmals bereits im ersten Moment eines Zusammentreffens entscheidend dafür, ob ein Gegenüber als anziehend sympathisch oder eher als abstoßend unsympathisch empfunden wird.

Bei den meisten Rhetorikseminaren wird besonderer Wert auf die Nutzung von Resonanzräumen (Rachen, Kopfhöhlen, Zwerchfell, Bauchraum) gelegt, womit das Sprechverhalten sehr stark beeinflusst werden kann.

Während ungeübte Menschen fast ausschließlich mit den Stimmbändern die Akustik zum Sprechen hervorbringen, trainieren die guten Redner, Sänger und Schauspieler deren Entlastung.

Wer nämlich besonders die Stimmbänder belastet, wird sehr schnell heißer.

Aus eben diesem Grunde steht auf den Rednerpulten oftmals ein Glas mit Flüssigkeit (meistens warmes Wasser), um damit der Austrocknung der Stimmbänder und des Mundes entgegenzuwirken.

Schweigen zum Setzen von Sprechpausen kann weitaus heftigere Auswirkungen beim Kommunizieren haben als der Gebrauch von Worten und Sätzen.

Im Volksmund heißt es:

„Reden ist Silber, Schweigen ist Gold!"

Diese Aussage trifft besonders dann den Kern, wenn es darum geht, ähnlich wie beim Flüstern, Wichtigkeit noch mehr hervorzuheben oder die Aufmerksamkeit eines Gesprächspartners zu fesseln.

Nonverbale (analoge) Kommunikation

Diese Art der Kommunikation wird auch besonders als das „Ausdrucksmittel für Gefühle" bezeichnet. Meiner Ansicht nach ist dies jedoch nur bedingt wahr.

Denn auch mit den anderen Formen, der verbalen, der paraverbalen sowie mit der visuell kreierten Kommunikation, lassen sich Gefühle sehr gut wiedergeben, beschreiben oder sogar darstellen.

Jede Körperbewegung sowie jegliches körperliche Symptom kann als nonverbale Kommunikationsäußerung gedeutet werden.

Jeglicher noch so kleine Wimpernschlag kann bereits als erkennbarer Ausdruck nonverbaler Kommunikation ausgelegt werden.

So werden immer, je nach Studie unterschiedlich, angeblich zwischen 55 und 93 Prozent der Kommunikation nonverbal durchgeführt. Es gibt zu der nonverbalen Kommunikation vielerlei Studien. Doch es macht einfach keinen Sinn, hier über präzise Prozentzahlen zu reden. Um der Wichtigkeit nonverbaler Kommunikation gerecht zu werden, so vermute ich, hat man sich einfach Mühe gegeben, dieses Gebiet genauer unter die Lupe zu nehmen.

Denn den überwiegenden Teil unserer nonverbalen Signale senden wir sicherlich unbewusst aus.

a) **Körpersprache, Körperhaltung, Körperbewegung**

Die Mimik, die Gestik sowie die Körperhaltungen sagen oft mehr als tausend Worte. Hin und wieder sind sie sogar beredter, als es uns lieb ist.

Die Sprache des Körpers bezeichnet die Art und Weise, wie der Mensch seinen Körper gegenüber den Mitmenschen zeigt.

Hierbei geschieht Vieles ohne das bewusste Wollen. Die nicht bewusst gezeigte Darstellung verrät somit mehr über den jeweiligen Zustand einer Person als so manches Wort.

Joe Navarro schreibt hierzu:

„Lügen liegt dem Menschen in den Genen. Doch die Körpersprache lügt nie. Mit ein wenig Training kann man sie lesen. Das hilft auch im Umgang mit Kollegen oder um seine eigene Nervosität zu verbergen."

Navarro entlarvte beim FBI Spione durch das Lesen der Körpersprache.

Heute berät er den US-Geheimdienst und unterrichtet das Entschlüsseln nonverbaler Kommunikation an Universitäten.

Nach Ansicht von Beratern, die sich für Vorstellungsgespräche stark machen, strahlt die Körpersprache vieler Frauen Ruhe und Kompromissbereitschaft aus. Ausgerechnet diese Gesten können jedoch besonders bei den Positionen mit Führungsverantwortung als schwach und unentschlossen ausgelegt werden.

Das mangelnde Durchsetzungsvermögen wird diesen Frauen gegenüber dem harten, dominanten Auftreten von Männern attestiert.

Eine offene Körperhaltung signalisiert beispielsweise: "Mir geht es gut." und „Ich bin rundum zufrieden."

Der ganze Körper sieht dabei sehr entspannt aus: Die Arme hängen locker von den Schultern. Auch die Hände sind entspannt und geöffnet. Die Füße stehen fest auf dem Boden, während die Knie leicht federnd gebeugt sind.

Eine geschlossene Körperhaltung signalisiert hingegen: "Das passt mir ganz und gar nicht!", „Ich will das nicht!"

Die Körperhaltung sowie Körperbewegungen wirken abwehrend angespannt. Die Arme werden geschlossen gehalten oder gar verschränkt; sie bewegen sich zum Körper hin. Der Stand ist unstet, in ständiger Bewegung, entweder vorwärts und zurück oder seitwärts pendelnd.

Diese Ausdrucksweise lässt entweder auf Aggressionen und Angriff oder auf die ängstlichen Gedanken zur Flucht schließen.

Über die Körperhaltung hinaus hat die nonverbale Kommunikation noch vielerlei weitere Gesichter. Unter anderem entwickelten die Experten eine Aufgliederung dieser Kommunikationsform in unbewusste, in teilbewusste bis völlig bewusste nonverbale Kommunikationsverläufe.

b) Unbewusste nonverbal Kommunikation

Neben den sichtbaren Formen, in Mimik sowie Mikromimik und Gestik, besitzen alle (fünf bis ...) Sinne eine sehr große Bedeutung, für das durch nonverbale Kommunikation gesteuerte Verhalten.

Hierbei spielen sogar Wahrnehmungen und Äußerungen eine nicht geringe Rolle die unterschwellig spirituell, aus dem Geistigen heraus wirken.

Unterhalb der Bewusstseinsschwelle spielen sich viele kommunikative Prozesse ab. Sie können aus der frühen Kindheit stammen und noch weiter zurück aus dem Mutterleib, ganz zu schweigen von früheren Leben.

Diese weiter zurückliegenden, aus mehreren früheren Lebenseinheiten direkt herein wirkende, karmische Überbleibsel will ich hier absolut nicht ausschließen, aber nicht näher darauf eingehen.

c) Teilbewusste nonverbal Kommunikation

Körpersprachliche Signale laufen oftmals teilbewusst ab. Bestimmte, offenbarte Veränderungen unseres Mienenspiels merken wir manchmal selbst.

Über weite Strecken nehmen wir die Veränderungen aber gar nicht wahr. Dann können wir diese auch nicht bewusst zur Kommunikation einsetzen.

Friedrich Nietzsche hat das auf den Punkt gebracht:

**„Man lügt wohl mit dem Munde;
aber mit dem Maule, das man dabei macht,
sagt man doch die Wahrheit."**

Vegetative Symptome

Bestimmte autonome Körperfunktionen wie zum Beispiel Schweißbildung, Puls, Erröten und Pupillenveränderung, die dem Gegenüber auffallen können, werden nicht bewusst gesteuert. Teilweise werden sie jedoch noch selbst bemerkt.

Auch die olfaktorischen Signale, jene die durch den Geruchssinn aufgenommen werden, bilden zum Teil deutliche Ausdrucksformen zur Verhaltenssteuerung.

Die Hautwahrnehmungen durch Schweißbildung verursachen beispielsweise bei Gefahr eine gesteigerte Leistungsfähigkeit über Veränderungen des Pulses und durch Wahrnehmungsveränderungen.

So erweitert sich zudem die Aufnahmefähigkeit des Gesichtsfeldes in solchen, als gefährlich eingeschätzten Fällen.

Olfaktorische Signale helfen den Tieren und im weiteren Sinne uns ebenso in der Vorbereitungsphase für eine Fortpflanzung. Durch Duftstoffe soll dadurch das jeweils beste, erreichbare genetische Material gewonnen werden.

Da diese Einschätzungen hauptsächlich unterschwellig ablaufen, werden sie kulturell verleugnet, geradezu tabuisiert.

Menschen helfen dafür dem Vorgang künstlich nach.

Duftstoffe, als Parfüm der verschiedensten Arten, werden eingesetzt, um erst den natürlichen
Geruch zu überdecken und dafür mit „besseren" Düf-
ten zu locken.

Auch längerfristige Veränderungen in den Le-
bensgewohnheiten von Menschen drücken sich kör-
persprachlich aus. Zu nennen sind hier beispielsweise
die Beschaffenheit von Fingernägeln und der Haare,
ernährungsbedingte Veränderungen der Haut oder
von Fettablagerungen sowie der Aufbau der Mus-
keln, Haltungsstörungen wie im Wirbelsäulenbereich,
eventuell wegen mangelnder Bewegung.

Als teilweise bewusst können wir auch mimische
Veränderungen aufgrund lang anhaltender einseitig
emotionaler Lebenssituationen ansehen; man spricht
dann etwa von einer „griesgrämigen Erscheinung"
oder von „Lachfalten" oder einem „markanten Kinn".

Die Fähigkeit einer Decodierung derartiger Signale hat sich im Verlaufe der so genannten Evolution
als günstig erwiesen.

Als ein ganz wichtiges Beispiel erkennen wir in
diesem Umfeld das tatsächlich weltweit verständli-
che, teilbewusste Zeigen der Zähne, das Lächeln.

d) Bewusste nonverbale Kommunikation

Auch die bewusste Körpersprache umfasst jegliche Bewegung eines Körperteils oder sogar des ganzen Körpers. Sie wird dazu benutzt, der Welt überwiegend emotionale Botschaften zu übermitteln.

So drückt zum Beispiel eine triumphierende Sie-
gerpose den Stolz und die ganze Freude über den
Sieg aus.

Mimik, Minenspiel

Bei der Mimik sagt man, sie sei das Spiegelbild unserer Gefühle, vielleicht auch, weil sie nur schwer zu kontrollieren ist. Von geübten Personen kann sie dennoch leicht gedeutet werden.

Die Mimik, die sichtbaren Bewegungen der Gesichtsoberfläche, der sich ständig ändernde Ausdruck im Gesicht, ist die oftmals unwillkürlichen Art und Weise von Kommunikation.

Die mimische, im Großen und Ganzen interaktive Kommunikation ist im sozialen Miteinander bedeutsamer, als es die auffälligeren Sprachen vermuten lassen.

Dabei kann es auch hier zwischen den Kulturen durchaus Unterschiede geben. Beispielsweise wird der allzu enge Körperkontakt bei einer Begrüßung von den meisten Deutschen anders empfunden als von Franzosen oder von Russen. Im Fernen Osten wird diese vertraute, körperliche Nähe ganz abgelehnt.

In den europäischen Kulturen werden der Tadel oder die Nachdenklichkeit durch das Runzeln der Stirn gezeigt, während das Naserümpfen mit dem Blähen der Nasenlöcher Abscheu und Ekel verdeutlicht. Wenn die Unterlippe vorgeschoben und zur Verstärkung auch noch die Augen verdreht werden, drückt dies Ungläubigkeit beziehungsweise Skepsis aus.

Werden hingegen in den sehr traditionellen katholischen Gegenden Südeuropas, besonders vor den Altären, die Augen so sehr nach oben gerichtet, dass man nur noch das Weiße sieht, ist dies ein Ausdruck von Anbetung. Daher kommt die Redensart „jemanden anhimmeln".

Hingegen lassen versteinerte Minen eher den Rückschluss auf Ablehnung zu und auf die Schaffung von sozialer Distanz.

Das Mienenspiel in unserem Gesicht, besonders in der Augen- und Mundpartie, verrät sehr viel über unsere kommunikative Absicht. Hier finden nuancenreiche Ausdrucksformen statt. Die Fähigkeit des „Lesens" im Gesicht, scheint sogar Teil unserer genetischen Veranlagung zu sein, vermutlich noch aus grauer Vorzeit.

Vermutet wird hierbei: Die mimische Kommunikation war bereits vorhanden, als ein Sprechvermögen überhaupt noch nicht entwickelt war.

Diese Fähigkeit variiert aber in der Gegenwart sehr; gegebenenfalls gelingt die Erkennung gar nicht. Dies ist oftmals vorrangig davon abhängig, ob uns die Kultur einer Person näher bekannt ist.

Der Cross-Race-Effect (auch Cross-Race-Bias oder Other-Race-Bias oder Cross-Race-Identification-Bias) beschreibt diese schlechtere Wiedererkennensleistung von Gesichtern.

Im Vergleich zu Gesichtern der eigenen ethnischen Gruppe, werden die fremder Kulturen vereinheitlicht.

Bei diesem Phänomen legen Menschen eine höhere Leistung an den Tag, wenn sie Gesichter von Menschen der eigenen Kultur wiedererkennen und Emotionen in dem Gesicht deuten sollen, als wenn sie Gesichter von Menschen fremder Kulturen erkennen oder mimische Gesichtsausdrücke deuten sollen.

Als ein Teilaspekt gesellschaftlicher Kommunikation wirkt der typische, bewusste Einsatz von Gesten, vom Mienenspiel und von den Körperstellungen als fester Bestandteil.

Auf verschiedenen Gebieten der Erde erhielten allerdings gegenseitig ähnlich ausgeführte Gesten, tatsächlich eine vollkommen gegenteilige Bedeutung: Das „OK-Zeichen" (die Rundung aus Daumen und Zeigefinger, die übrigen Finger gestreckt) bedeutet in Japan „Geld", in Frankreich „Null", in Mexiko „Sex", in Abessinien (veraltet) „Homosexualität".

Das Schütteln des Kopfes als „Nein" und ein Nicken als „Ja", wird in Bulgarien genau anders herum gehandhabt.

Die Unterschiede zu den eher teilbewussten Ausdrucksformen der nonverbalen Kommunikation, wirken selbstverständlich ebenso in diesen bewussten Bereich herein.
Auch die Körpersprache, als die mögliche, nonverbale Ausdrucksform, lässt sich erlernen und dann bewusst einsetzen.

Beispiele hierfür sind:

Das Anlächeln des Gegenübers zur Kontaktaufnahme (ein Lächeln sagt oft mehr als tausend Worte),

das „Pokerface" des Kartenspielers,

die unterstützende Gestik der Hände in einem Dialog,

ein „selbstbewusster Händedruck" des Verkäufers,

das „Schönmachen" durch gezielte Verwendung von Duft- und Farbstoffen (Parfüm, Lippenstift, Mascara, ...).

Blick, Blickkontakt

Sowohl das Hinsehen als auch das Wegsehen sind Ausdruck kommunikativer Formen. Dies gilt sowohl gegenüber Gesprächspartnern als auch im Gegenüber mit Tieren, Pflanzen oder Gegenständen.

Es gilt die Empfehlung: Fremden Hunden sollte man niemals direkt in die Augen sehen, sie könnten den Blick als Bedrohung empfinden und aggressiv reagieren.

Hier greift entweder die Fähigkeit zur bequemen Konfrontation oder es äußert sich die Vermeidung von Konflikten bei einer Konfrontation.

Den Blickkontakt aufnehmen zu können bedeutet immer sich dem Gegenüber widmen zu wollen. Selbst, wenn dieser Kontakt geradezu gegnerisch ankommt, ist es dennoch eine Begegnung.

Dem Blick zu widerstehen ist manchmal notwendig, wenn tatsächlich eine Art Gegnerschaft besteht. Unverwandtes Anstarren wird als Demütigung oder gar Drohung empfunden.

Jemand „niederzustarren", damit den Erfolg zu verbuchen, dass der andere den Blick abwendet, wird als Überlegenheit gewertet. Spielerisch wird dies sogar schon von Schülern eingeübt.

Ansonsten ist ein bequem aufrecht erhaltener Augenkontakt immer hilfreich im offenen Gespräch.

Menschen, die es absichtlich vermeiden sich in ihre Augen schauen zu lassen, haben nach landläufiger Meinung etwas zu verbergen.

Auch wird es als ein Zeichen von Angst gewertet (durchaus zu Recht), wenn der Blick unstet und flüchtig ist.

Gestik, Gesten, Gebärden

Die Gestik lässt sich im Sinne von kommunikativen Bewegungen verstehen. Es werden insbesondere die Arme, die Hände und der Kopf eingesetzt.

Gestik wird unterstützend zur mündlichen Kommunikation benutzt oder kann diese sogar ersetzen.

Somit wirkt sie in der alltäglichen Verständigung sowohl ersetzend zur Sprache mittels Lauten als auch begleitend beziehungsweise unterstützend.

Gesten werden grob unterschieden in:

> **Lexikalisierte Gesten**: Solche die wie Wörter einer Lautsprache funktionieren, als Symbole gelernt werden und kulturell abhängig sind.

Dazu zählen zum Beispiel diverse Beleidigungsgesten oder das Aneinanderreiben der Fingerspitzen für „Geld" und Ähnliches.

Eine solche allgemein bekannte Geste wird Emblem oder metaphorisch genannt.

> **Zeige-Gesten (Deixis)**: Die meist genutzte deiktische Geste ist das Zeigen mit dem Finger, der Hand oder einem Gegenstand. Sie wird als eine der ersten Gesten von Kindern erlernt.

Beim Zeigen muss dabei ein Referenzpunkt (Origo) vorhanden sein.

> **Ikonische Gesten**: Sie bilden die Wirklichkeit in irgendeiner Form ab; beispielsweise indem sie eine Handlung nachahmen, die Umrisse eines Objektes darstellen oder Objekte im Raum anordnen.

Alle Gesten können nicht nur auf konkrete Dinge hindeuten, sondern sie können auch metaphorisch oder diskursiv (logisch fortschreitend) verwendet werden.

Zum Beispiel: Wenn eine Theorie als Gebäude mit mehreren Ebenen dargestellt wird oder eine Antwort als „auf der Hand liegend" präsentiert wird.

Dabei decken sich die verschiedenen Aspekte jeweiliger Gesten (welche Hand, die Handbewegung oder die Bewegungsrichtung etc.) mit Aspekten der Sprache.

> **Metaphorische Gesten**: Sie stellen abstrakte Bilder dar. Eine Geste wird ausgeführt, als ob etwas in der Hand gehalten wird. Die Geste stellt dabei jedoch das Halten einer Idee dar.

Oder die Gestik beim Aufteilen: Auf der einen Seite die Guten und auf der anderen Seite die Schlechten.

> **Beat-Gesten**: Es sind rhythmische Bewegungsabläufe die betonen, gewissermaßen unterstreichen sollen.

Eine kurze 'Beat'-Geste kann einen wichtigen Punkt in einer Unterhaltung markieren wobei das Wiederholen einer 'Beat'-Geste eine Begrifflichkeit oder einen Leitgedanken darstellen kann.

Zum Beispiel: Wenn Eltern ihren Kindern etwas zum vermeintlich 1000sten Mal erklären und dabei bei jedem Wort die Hand oder den Zeigefinger auf und ab bewegen.

Bei allen Gebärden werden typische Körperbewegungen für „nichtsprachliche", begleitende Kommunikationsanteile, als eindeutig „nonverbale Kommunikation" bezeichnet.

Zu den bewusst eingesetzten Gebärden zählen auch das Winken und Wedeln mit den Armen sowie das absichtliche Antippen eines Gesprächspartners, um seine Aufmerksamkeit auf jeden Fall zu erreichen.

Auch das Mienenspiel wird, soweit es die lingui-
stischen (sprachwissenschaftlich) Funktionen erfüllt,
als Bestandteil der Gebärdensprache betrachtet.

Bei der individuellen Fähigkeit, nonverbale Signale entweder zu enkodieren oder sie zu dekodieren
gibt es erhebliche Unterschiede.
Im statistischen Schnitt sind Extravertierte besser als Introvertierte und Frauen besser als Männer.
Eine Ausnahme bildet das Erkennen von Personen
die lügen, darin können Männer besser sein.

Eine Studie in elf Ländern zeigt: Je stärker die
Frauen dort unterdrückt werden, umso häufiger
ignorieren sie nonverbale Zeichen.
Stattdessen entschuldigen sie sogar die Anzei-
chen für Unwahrheit und beachten selbst warnende
Nachrichten gar nicht.

Kleidung, Frisur, ...

Die Kleidung hat großen Einfluss darauf, wie man
wirkt und wie man sich fühlt. Wir kommunizieren jedenfalls immer auch mit dem, womit wir uns darstellen. Passendes oder unpassendes Outfit setzt entweder, für jeweilige Situationen, eher anziehende oder
eher abstoßende Zeichen.
Die Auswahl der Kleidung spiegelt beispielsweise
für ein Vorstellungsgespräch sowohl die Persönlichkeit als auch die Konventionen für die jeweils angestrebte Stelle wider.
Übrigens: Speziell in einem Vorstellungsgespräch
sollte weitgehend auf nackte Haut verzichtet werden.

Die Haartracht und der Schmuck sind immer eine
Streitfrage. Was ist gerade angebracht, was nicht?

So sind etwa Piercing sowohl in der Gastronomie als auch im Gesundheitswesen ein Störfaktor in Bezug auf die Hygiene. Alles was in diesen Bereichen sichtbar ist und in Berührung mit Lebensmitteln oder mit den Patienten kommen könnte, sollte entfernt werden.

In dem Hinblick auf die Akzeptanz im geschäftlichen Miteinander sollten etwa auch Haarspangen, eine Anstecknadel oder eine Uhr nicht zu groß, nicht zu bunt oder nicht zu extravagant sein.

Will man sich dagegen bewusst aus der Menge herausheben, eher auffallen oder einfach seiner Persönlichkeit mehr Ausdruck verleihen, ist tatsächlich so gut wie alles erlaubt, was nicht gegen die so genannten guten Sitten verstößt.

Um mit dem Schuhwerk nicht aus dem Rahmen zu fallen, sind für Männer die zum Anzug oder zum Jacket mit Hose passenden Lederschuhe in den meisten Fällen angebracht.

Frauen sollten Schuhe tragen die nicht zu hoch sind und einen bequemen Absatz haben, in denen sie problemlos laufen können. Dies gilt allerdings nicht nur für den geschäftlichen Umgang, sondern ebenso im Alltagsleben. Denn nur mit den Schuhen in denen man gut gehen kann, die jemanden problemlos tragen, macht man auch eine gute Figur.

Der Sportschuhlook ist vielleicht cool, aber besonders bei Geschäftsgesprächen eher unangebracht. Auch Sandalen sind eindeutig tabu, wenn sich die Situation geschäftlich darstellt.

Die gezielte Auswahl der Kleidungsstücke wirkt als eine kultivierte Kombination verschiedener Signalhandlungen bei bewusster, nonverbaler Kommunikation.

Die speziell ausgewählte Kleidung dient in einer gesellschaftlichen Umgebung als Ausdruck „gepflegter" Erscheinung. Gleichwohl wird ihr deswegen auch der Beigeschmack eines attraktiven Trugbildes nachgesagt.

Die Kleidung sowie andere Maßnahmen zur Körpergestaltung (Schmuck, Frisur, Barttracht, Tattoos, Kopfbedeckungen, ...) dienen ganz klar als Elemente der Körpersprache. Nicht umsonst sagt man umgangssprachlich: „Kleider machen Leute."

Zum Beispiel in dem Schwank des „Hauptmann von Köpenick" finden wir eine perfekte Würdigung dieser Worte: Indem nämlich ein einfacher Schuhmacher einen Uniformrock anzog, täuschte er alle seine Mitmenschen. Er wurde sofort als Befehle gebender Militär anerkannt.

In dem Bilde menschlicher Kleidung, als gezielt eingesetztes Ausdruckselement nonverbaler Kommunikation, finden wir oftmals „mehr Schein als Sein".

Individuelle Unterschiede werden auch herausgestellt, durch Maßnahmen der weitergehenden Gestaltung im Umfeld von Menschen.

Die Wohnung, das Haus, das Auto, der Garten, ... dienen der kommunikativen Darstellung. All dies gehört zu einer weiteren, ziemlich aussagekräftigen Rubrik der bewussten, nonverbalen Kommunikation.

Distanz, Nähe

Sowohl das Einhalten von Distanz als auch das Suchen von mehr Nähe sind nonverbale Formen der Kommunikation.

Wenn jemand einen gewissen Abstand zwischen sich und seinen irgendwie gearteten Kommunikationspartner bringt, so will er einfach nur einen größeren Überblick bezüglich dessen Ansichten, Absichten und Handlungen gewinnen.

Vorgesetzte vermitteln oft den Eindruck von Beziehungsferne, um dadurch nicht allzu verbrüdert zu wirken und damit angreifbarer zu werden.

Abneigung sowie Zuneigung drücken deutlich aus, wohin die Antipathie oder die Sympathie ausschlagen. Die Annäherung, näher an jemanden oder etwas heran zu rücken, ist ein Zeichen von Sympathie. Jemandem freundliche Zuwendung zu geben lässt ebenfalls darauf schließen, dass Verbundenheit besteht.

Distanzzonen

Die situationsabhängige, räumliche Bindung zwischen Kommunikationspartnern bilden einen besonderen Aspekt der Körpersprache.
Im Rahmen der Psychologie und der Kommunikationswissenschaft nennt man dies Proxemik (vom Lateinischen: proximus „der Nächste").
Kommunikationswissenschaftler untersuchen und beschreiben die Signale von Individuen, die sie durch das Einnehmen von bestimmten Distanzen zueinander austauschen. Sie erforschen soziale und kulturelle Bedeutungen, die Menschen mit ihrer privaten und/oder beruflichen räumlichen Umgebung verbinden.

Diese untersuchte Bindung hat eher den Charakter ungeschriebener, territorialer Gesetze als den eines biologischen Triebes.

Das Empfinden zu diesen Distanzen oder des Raumes allgemein kann sogar je nach Kultur verschieden sein.

Abhängig erscheint das Raumverhalten somit, neben einer aktuellen Situation, von kulturspezifischen Normen, von der Gattung (Mann/Mann, Mann/Frau oder Frau/Frau) sowie vom Beruf der Kommunikationspartner. Individuelle Faktoren, wie eine Veranlagung zu Introversion oder Extroversion, spielen selbstverständlich auch hier ihre Rolle.

In ihren Filmen oder Theaterstücken achten Regisseure, bei den vortragenden Personen, genau auf: Den jeweiligen Abstand im Verhältnis zur Körperhöhe oder der Körperausrichtung sowie auf die Formen beziehungsweise die Art und Weise der Berührungen.

In den 70er Jahren erfand man bei Kommunikationsseminaren die nachfolgende Regel, die aber experimentell gar nicht sicher belegbar ist.
Die genannten Maße müssen immer wieder konkret überprüft werden, je nach Kulturzone und im Einzelfall:

> Intime Distanzzone
(unter ca. 45 cm)

> persönliche Distanzzone
(ca. 45 bis 120 cm)

> gesellschaftliche oder soziale Distanzzone
(120 bis 360 cm)

> öffentliche Distanzzone, auch Fluchtdistanz
(über 360 cm).

Weil jede einzelne Distanzzone in ihrer Vergrößerung kulturabhängig ist, variiert sie von Schritt zu Schritt in den Graden.

Die moderne Psychologie bedient sich mittlerweile ganz anderer experimenteller Mittel, wie denen von computergestützten Bewegungsanalysen.

Das Ergebnis zeigt, dass eine so genannte „intime" oder „persönliche" Zone als solche nicht haltbar ist, da bei einer Kommunikation beispielsweise die Hände zweier Personen zwangsläufig eine andere Entfernung einnehmen als die Füße, die Hüften eine andere als die Köpfe.

Rollenverhalten

Da ein hauptsächlicher nonverbaler Anteil der Kommunikation überwiegend über die Emotionen und zudem über die nichtbewussten Motivationen der Beteiligten gesteuert werden, ist deren bewusste Kontrolle weniger glaubhaft.

So überzeugen Charakterdarsteller in erster Linie keineswegs, weil sie sich ohne weitere Komplikationen verstellen können, sondern, indem sie sich mit Personen identifizieren, sich in eine Person möglichst perfekt hineinversetzen und damit deren Erleben regelrecht aufsaugen.

Formale Beziehungen zwischen Geschäftspartnern (beispielsweise bei: Kunden zu Bankangestellten, Klienten zu Therapeuten) zeichnen sich dank ihrer klaren Zielsetzungen und der weiterführenden Strukturiertheit, als informell besonders „enge" Beziehungen aus.

Allerdings wird jeder soziale Part dank komplexer Rollenerwartungen definiert.

Jegliches Miteinander zeigt ein bestimmtes Rollenverhalten und dafür angelegte Rollenattribute.

Wird jedoch so eine soziale Rolle nur wegen einer speziellen Erwartungshaltung übernommen, dabei versucht sie bewusst zu kontrollieren, so gelingt das sehr selten mit allen Aspekten.

Als eine Sicht des menschlichen Rollenverhaltens, hat Jacob Levy Moreno († 14. Mai 1974, österreichisch-amerikanischer Arzt, Psychiater, Soziologe, Begründer des Psychodramas, der Soziometrie, der Gruppenpsychotherapie) das Psycho- und Soziodrama als Therapie entwickelt.

Diese Therapieform gilt bis heute als „diejenige Methode, welche die Wahrheit der Seele durch Handeln ergründet", mit der Absicht oder der Zielsetzung „die menschliche Spontaneität freizusetzen und dennoch gleichzeitig in das gesamte Lebensgefüge des Menschen sinnvoll zu integrieren".

Der vorgelagerte Zweck wirkt unter anderem dahingehend, starre, unnachgiebig Rollenstrukturen oder nicht mehr zeitgemäße Rollenkonserven sehr intensiv zu hinterfragen und sie dann zu unterlassen.

Die angeborene Spontaneität sowie Kreativität, woraus sich im Normalfall der Situation angepasstes Rollenverhalten entwickelt, wird so für eine authentische Beziehungsfähigkeit wiederhergestellt oder rehabilitiert.

Gewalttätigkeit

Sogar die Ausübung von Gewalt ist eine Form der Absicht zur Kommunikation. Nicht umsonst heißt es: „Wenn Worte versagen, spricht die Gewalt!".

Dies lässt sich in Familien und Gesellschaften ebenso beobachten wie im großen Weltgeschehen, zwischen Staaten und Machtblöcken.

Früher war es tatsächlich so: Hatte ein Familienoberhaupt oder ein/e Erzieher/in keine Argumente mehr, setzte es Schläge.

Für die Staaten hieß dies: Kamen die Diplomaten nicht weiter oder redeten die Staatsführer nicht mehr miteinander, wuchs die Gefahr für Krieg.

Gewaltbereitschaft entsteht und verstärkt sich noch mehr, je mehr die positiven Aspekte schwinden, wie Liebe, Anerkennung und Aufmerksamkeit zueinander.

Gewalt ist keine besonders gute, schon gar keine positive Kommunikation. Aber sie kann höchst effektiv sein, wenn Zerstörung das Ziel ist.

Der Abbau von Gewaltbereitschaft kann unter anderem über kulturelle Events, über Musik- oder Sportveranstaltungen erfolgen.

Durch diesen lockeren Rahmen gelingen oftmals wieder konfliktfreie Gespräche.

Visuelle (kreierte) Kommunikation

Kreierte Kommunikation ist kein Kommunikationsersatz sondern eine vollwertige Form der Verständigung.

Im weitesten Sinne kann man dies als eine nonverbale Art und Weise des Miteinander bezeichnen.

Allerdings fällt hier immerhin der Gesang aus dem gesteckten Rahmen.

Etliches davon überschneidet sich zudem etwas mit paraverbaler Kommunikation.

Unter visueller Kommunikation können wir jegliche Kunstform einordnen. Kunst findet dementsprechend als Einheit zwischen diesen **beiden Polen** statt, aus: Dem **Symbol**, der transportierenden Formgebung, und der **Bedeutung**, dem transportierten Inhalt. Die Unterscheidung von Form und Inhalt ist jedoch fast immer erst eine Frage der Definition. Jedes Verstehen ist dabei nur ein relatives Verstehen, abhängig von der Anerkennung des Wahrnehmbaren.

Wie jegliche Energie, jegliche Materie oder jegliche Information, so ist auch die Kunst sowohl das, was sie uns von sich mitteilen kann als auch was wir von ihr halten, wofür wir Verständnis haben und es damit vielleicht verstehen.

Das Werk eines Malers, eines Literaten oder eines Musikers wurde in früheren Zeiten der Kommunikation nicht zugeordnet. Der kreative Akt wurde vorrangig im Wesen des Künstlers selbst angesiedelt.

Diese Betrachtungsweise war: „Kunst als Ausfluss eines Genius", transzendierte künstlerische Kreativität hinein in die Abstraktion, bis zu einer Erhabenheit, bis ins Göttliche hinein.

Erhobene Dichterfürsten, wie Schiller oder Goethe, zeugen davon, wenn sie auf Denkmälern verklärt werden.

Natürlich findet auch in der Kunst der Genies eine Kommunikation statt, wie wir heute leicht erkennen können.

Doch war diese Art und Weise der Kommunikation noch bis ins 20te Jahrhundert herein nicht mehr als das notwendige, belanglose Anhängsel des Eigentlichen.

Heute jedoch zeigt sich der Künstler als der Virtuose in Sachen Kommunikation. Dessen künstlerische Leistung beruht geradezu auf kommunikativer Kreativität. Damit vermag er zu provozieren, zu verfremden, ins Lächerliche zu ziehen oder gar durch Überhöhung zu verstören.

Musik / Gesang

Musik gilt als ein besonders weit tragendes Kommunikationsmittel. Sie erschafft Übereinstimmung bei den verschiedensten Begegnungen.

Über die eingesetzten Tonfolgen und die verwendete Sprache schafft die Musik ein bildhaftes, adäquates Mittel, um mit anderen Menschen in Kontakt zu treten und eine Nachricht zu verbreiten.

Die Kommunikation funktioniert speziell bei der Musik durch den Austausch von Informationen, durch die Interaktion, wozu auch das Zuhören zählt, durch das Verstehen und durch das Interpretieren von Inhalten sowie einem emotionalen Verständnis füreinander.

Sowohl subjektiv als auch objektiv wird ein solches, weitreichendes Verständnis geschaffen.

Die Kunst einer guten Kommunikation liegt somit vor allem darin, die Botschaft verständlich zu verpacken. Dies gelingt der Musik, denn bei Musik und Gesang steht immer die Ansprache an ein breites Publikum im Vordergrund.

Musiker und Gesangskünstler haben es sich zur Aufgabe gemacht, mit ihren Liedern und Melodien Botschaften zu übermitteln. Deren Musik stellt mehr oder weniger enge Beziehungen her, sie schafft Selbstoffenbarungen und beinhaltet mitunter auch eine fordernde oder mahnende Funktion.

Die Kirchenmusik, besonders Gospellieder, schaffen beispielsweise religiöse Aspekte. Mit den biblischen Inhalten und Erzählungen soll die Glaubensbindung verstärkt werden. In den USA hat Gospel dieses Meisterwerk geschafft.

Obwohl ganz Amerika (USA) ohnehin ein religiös zu nennendes Land ist, ist der Gospelgesang die perfekte Verbindung zwischen der Jugend und der Kirche.

Die Emotionen, die mit der Musik, verbunden mit dem Gesang, erzeugt werden, sind entscheidende Kommunikationsmittel. Die emotionale Tiefe sorgt letztlich für die gewünschte Wirkung, sowohl bewusst als auch nichtbewusst geschaffen.

Tanz

Die Aussagekraft von Tänzen beziehungsweise der Tanzsprache ist vermutlich eine besonders urtümliche, wesentliche Kommunikationsform.

So werden durch das Tanzen der Honigbienen mehrere Arten von Informationen vermittelt. Zum Beispiel wird mitgeteilt, wo besonders ergiebige Futterquellen zu finden sind.

Alle Lebewesen, sogar die Pflanzen tanzen, jeweils auf ihre ureigenste Art und Weise. Grundlage tanzender Bewegung sind Bewegungsstrukturen, die auf der Basis eines Rhythmus entstehen können.

Um beim Tanz menschlicher Wesen zu bleiben: Gesellschaftstänze haben meist einen hohen Grad an Struktur; im Gegensatz zum "Freestyle", bei dem es kein vorgegebenes Bewegungsrepertoire gibt.

Besonders im südasiatischen Kulturraum wird ausgesagt, dass bei dem Tanzen verschiedene Chakren (Energiezentren) angesprochen werden.

So steht etwa beim Tango eher die Energie des vierten Chakras, des Herzens, im Vordergrund, während die karibischen Tänze wie Salsa oder Merengue ihr Zentrum bei der Sexualenergie im Beckenbereich haben.

Wenn man Tanz als eine Sprache ansieht, so kann davon ausgegangen werden, dass diese Ausdrucksform auch erlernbar ist.

Auf diesem Wege lernt man sich selbst besser kennen, indem man den eigenen Körper immer besser versteht.

Das Tanzen ist Körpersprache pur. Dazu braucht es keine Worte. Die begleitende Kommunikation durch Worte kann auf ein Minimum reduziert werden.

Im Tanz kann man entweder bei sich selbst bleiben oder in Kontakt mit anderen Lebewesen treten. Tanzen kann somit sowohl ein Medium zur Selbsterfahrung als auch zur partnerschaftlichen Kommunikation sein.

Das Ritual des Tanzens, ob alleine oder mit anderen Personen, ist immer eine Erfahrung, die sich auch gesellschaftlich auswirkt.

Im Tanzritual lässt sich der Moment erleben, das Jetzt. Im Jetzt gibt es keinen Gedanken an eine Fortsetzung der Begegnung.

Tänzer sind meist extrovertierter, mehr nach außen gerichtet, als Nichttänzer. Sie setzen ihren Körper, als Instrument zur Kommunikation, bewusster ein. Die tänzerische Kommunikation verlangt zudem eine gehörige Menge Sensibilität, ein intensives Eingehen auf das Gegenüber. Es gibt so immer nur eine Form des Miteinander, niemals ein Gegeneinander.

Eine Voraussetzung für das intensive Erleben besteht darin, immer die Grenzen des Anderen zu erspüren und zu respektieren.

Lediglich im persönlicheren Rahmen von Veranstaltungen, wie im Fasching, bei Hochzeiten oder dergleichen, lockern sich die Konventionen.

Das Tanzen ist immer spielerisch zu sehen. Es ist aber nicht immer möglich, konservative Strukturen aufzubrechen und Dritte und mehr in den Tanzablauf zu integrieren, wie beispielsweise bei der Polonaise.

Bildhauerei, Moduliertes, Geschnitztes, Gezeichnetes, Gemaltes, ...

Die Visuelle Kommunikation lebt von und in dem emotionalen Gehalt des jeweils Geschaffenen. Dabei ist es fast schon egal, ob das Werk eine Gestalt darstellt, einen realen Gegenstand, eine Landschaft oder ein abstraktes Etwas.

Entscheidend für den möglichst kommunikativen Charakter eines Bildnisses ist und bleibt die von emotionalen Schwingungen geladene Ebene. Über eben diese Gefühlsebene wird dann der gewünschte Gleichklang mit dem Betrachter herbeigeführt.

Besonders bei der Vernissage, der Eröffnung einer Ausstellung von Kunstwerken oder Kunstobjekten, wird der kommunikative Aspekt deutlich.

Allerorten sind die Gespräche mit mehr oder weniger Kunstverstand zu hören.

Im Mittelpunkt stehen dabei immer der oder die Künstler und deren erschaffene Werke. Dabei können durchaus kontroverse Meinungen aufeinander prallen.

Aber gerade dies ist ein sehr deutliches Zeichen für die Fähigkeit zur Anregung von Kommunikation, die das Dargebotene zeigt.

Die Kunstkritiker versteigen sich dabei gerne in ihren emotionalen Auf- oder Abwertungen. Oder werden sie einfach von den kommunizierenden Emotionen des ausstellenden Künstlers herausgefordert?

Selbst die Werke eines Michelangelo oder eines Leonardo da Vinci wären nicht mehr als hochwertiges Handwerk, wären da nicht die tiefgreifenden oder aber hochfliegenden Emotionen der Künstler, die in ihre Darbietungen einfließen.

„Mona Lisa" entfaltet vermutlich ganz besonders aufgrund des eingebrachten Herzblutes ihre Faszination.

Was ist schon ein Picasso? Was ein Salvador Dali? Einige meinen zu den Werken der abstrakten Kunst: „Verhundste Kunst!".

In Wahrheit sind auch die erfolgreichen Künstler der Moderne, gerade durch ihre mehr hintergründige und dennoch überzeugende, kommunikative Strahlkraft, zu wahrhaft herausragenden Kommunikatoren geworden.

Die Aussagekraft ihres Erschaffenen korrespondiert immer mit dem ästhetischen Verstehen der jeweiligen Betrachter.

Genau hier drückt sich aus, was das **„Magische Quadrat für Verstehen"** in allen Punkten vermitteln will:

1) Die bewusste **Absicht** des Schaffenden drückt sich in seinem individuell gestalterischen Tun, dem Erschaffen, aus.

2) **Kommunikation**santeile verbindet der jeweilige Künstler bereits bei seinem Tun gedanklich mit dem künftigen Betrachter.

3) Es findet ein unterschwelliger **Ausgleich** sowohl im Denkvorgang des Erschaffers als auch im emotionalen Miteinander hin zum zukünftigen Betrachter statt.

4) Der **Wirklichkeit** des Künstlers steht dabei, schon im Vorfeld, der Wirklichkeit des Betrachters unmittelbar gegenüber.

5) Spätestens bei den möglichen Ausstellungen werden nun ausreichend **Gemeinsamkeiten** gefunden.

6) Es entwickelt sich entweder stufenweise oder spontan die **Zuneigung**.

7) Daraus folgt weiterhin die verstärkte **Übereinstimmung** mit dem Werk des Künstlers und dessen persönlicher Einstellung zu seinem Tun.

8) Es entsteht sowohl das mehr oder weniger ausgeprägte **Verständnis** füreinander als auch schließlich

9) das gegenseitige **Verstehen**.

Geschriebenes

Die Häufigkeit des Geschriebenen bestimmt die Schreibkultur. Der Schreibstil, die Schreibweise sowie die Schreibform ändern sich mit der Anwendung.

Früher war alles noch relativ einfach. So gab es, mehr oder weniger, nur die schriftliche Kommunikation per Brief oder über das Schreiben von Druckwerken, Büchern oder Flugblätter.

Heute verfügen wir über vielerlei Möglichkeiten zu einer schriftlich geführten Kommunikation. Leider bleibt der Stil dabei nur allzu oft auf der Strecke.

Denken wir zum Beispiel an profane „Schlagzeilen aus der Regenbogenpresse", die mitteilten, dass Promi A mit Promi B Schluss gemacht hat, und dies per SMS oder per twitter kommunizierte. Sehr sinnig!

Im „www", dem weltweiten Netz, fand ich ganz hervorragende Tipps zu dem Thema „guter Schreibstil". So beispielsweise bei:

http://www.experto.de/b2b/kommunikation/verbessern-sie-ihren-schreibstil.html.

Ich will gar nicht viel hinzufügen, sondern einfach den Autor der Tipps, den Experten für Kommunikation, Dr. Christoph Engels, zu Wort kommen lassen:

„Sie wollen Ihren Schreibstil verbessern? Gutes Deutsch zu schreiben ist nicht schwer. Es sind gar nicht so viele Dinge, auf die man achten muss.

Wenn Sie die folgenden Hinweise beherzigen, werden Sie feststellen: Ihre Texte lesen sich mit einem Mal richtig gut! Ihr Stil ist flüssig, farbig und modern.

Beherzigen Sie die folgenden sieben, wirklich wesentlichen Tipps für eine gute Schreibe eines Vielschreibers.

1. Tipp für einen guten Schreibstil:
Lange Sätze? Kurze Sätze? Beides!

Viele Stilfibeln empfehlen als erstes, möglichst kurze Sätze zu formulieren. Das ist natürlich Unsinn. Unser Herz schlägt auch nicht völlig regelmäßig.

Kurze Sätze bringen Tempo. Lange Sätze beruhigen einen Text. Guter Stil zeigt sich in der richtigen Mischung. Nutzen Sie daher das gesamte Repertoire deutscher Satzarten.

2. Tipp für einen guten Schreibstil:
Schachtelsätze vermeiden

Lange Sätze ja, aber bitte keine überkonstruierten Sätze. Wenn Sie mit vielen Nebensätzen und Einschüben sich selbst ständig unterbrechen, wird es für die Leser anstrengend.

Schachtelsätze erkennt man an den vielen Kommata und Gedankenstrichen. Lösen Sie komplizierte Konstruktionen grundsätzlich in zwei oder drei Sätzen auf.

3. Tipp für einen guten Schreibstil:
Aktiv ist besser als passiv

Es ist durchaus gestattet, das Passiv zu nutzen. Zum Beispiel, wenn es um Verlautbarungen oder andere amtliche Texte geht. Ansonsten: Formulieren Sie möglichst im Aktiv. Ein Beispiel?

Passiv: "Die Kinder werden in Englisch unterrichtet." Aktiv: "Die Kinder lernen englisch." Klingt doch viel besser, oder?

4. Tipp für einen guten Schreibstil: Immer das treffende Wort suchen

"Felix ging zur Schule." Die viel spannendere Formulierung lautet: "Felix rannte zur Schule." Oder: "Felix schlich zur Schule." Schalten Sie das Kopfkino bei Ihren Lesern an.

Suchen Sie immer nach dem treffenden Wort, das Assoziationen weckt und die Vorstellungskraft anregt.

Nutzen Sie Synonym-Lexika.

5. Tipp für einen guten Schreibstil: Weg mit Pleonasmen, Füll- und Papierworten

"Zum obigen Thema weise ich Sie diesbezüglich hiermit darauf hin, sich auf dem Gebiet der Wortwahl resp. der praktischen Verwendung von Wörtern in folgenden Studien-Abhandlungen zu diesen Themengebieten nunmehr schlau zu machen."

Streichen Sie alle Wiederholungen und alles Unnötige. Machen Sie Ihre Sätze schlank.

6. Tipp für einen guten Schreibstil: Relativsätze nur, wenn unbedingt nötig

Relativsätze machen einen Text schwerfällig. Wandeln Sie diese um. Beispiel: "Dieter, der die rote Ampel sah, fuhr weiter."

Besser: "Dieter sah die rote Ampel und fuhr weiter." Oder: "Obwohl Dieter die rote Ampel sah, fuhr er weiter." Oder: "Als Dieter die rote Ampel sah, fuhr er weiter." Schon wird das Ganze farbiger und deutlich interessanter.

7. Tipp für einen guten Schreibstil: Lieber nicht – Konstruktionen mit dem Partizip Präsens

Das Partizip Präsens macht aus einem Verb eine Eigenschaft, aus *schlafen* wird *schlafend*. Als reines Adjektiv genutzt ist das Partizip Präsens völlig okay. Antiquiert dagegen sind Nebensatzkonstruktionen mit dem Partizip wie: "Zu Hause *ankommend*, schalte ich immer das Flurlicht ein." Vermeiden Sie so etwas. So spricht und schreibt heute niemand mehr.

Das waren sie, meine sieben Tipps für guten Schreibstil im Deutschen. Viel Erfolg und vor allem viel Spaß, denn schöne Texte zu verfassen macht Freude!"

Wer von uns hätte es wohl besser und vor allem kürzer, prägnanter formulieren können?

Genau wie zum besseren Verstehen bei verbaler Kommunikation ist es auch nonverbal sowie visuell unbedingt erforderlich, sich in der Gedankenwelt des Gegenüber auszukennen sowie sich in dessen Sprache verständlich zu machen. Dazu gehört auch der Stil beim Auftritt.

In einer Zeit der „schnellen" Kommunikationsmittel ist das „alte" Schreiben von Briefen oder Karten fast unmodern geworden.

Daher ist es aber um so schöner, wenn man neben Werbung und Rechnungen auch einmal einen Brief oder eine Karte im Briefkasten findet. Geht Dir das nicht auch so?

Können die Menschwesen der jungen Generationen überhaupt noch schriftlich kommunizieren?

Eine Frage, die angesichts von kurz gefassten SMS und Mails gar nicht so abwegig erscheint.

Häufig scheitern Leute bereits bei relativ einfachen Anforderungen:

> Wie schreibe ich eine Beileidskarte? (eine der schwierigsten Übungen)
> Ist es immer noch stilvoll eine Geburtstagskarte zu schreiben?
> Bedanke ich mich nach einer Einladung schriftlich?

Auch das gute Benehmen lässt bei der virtuellen Kommunikation manchmal zu wünschen übrig.

Als Netiquette oder auch Netikette werden Umgangsformen der elektronischen Kommunikation bezeichnet.

Es gilt dennoch, selbst wenn sich jemand gegen einen Brief oder eine Karte entscheidet, auch bei einer Mail, einer SMS oder in Internetforen sollte man stets die Höflichkeit wahren.

Wenn Du diese drei Faustregeln beachtest, liegst Du meist richtig:

1) Vergiss niemals, auf der anderen Seite sitzt auch ein Mensch.

2) Schreibe nie etwas, was Du dem Adressaten nicht auch ins Gesicht sagen würdest.

3) Halte Deine Nachrichten lesefreundlich, indem Du in ganzen Sätzen schreibst und korrekt formulierst.

ACHTUNG:

Denke immer daran, das Internet vergisst nichts. Was Du heute noch witzig findest, ist Dir vielleicht in ein paar Jahren peinlich oder behindert Dich gar bei der Jobsuche.

So manches coole Wort oder gar ein Bild von Deiner letzten Party, bei Facebook und Co. abgelegt, findet womöglich der Personalchef in ein paar Jahren bei der Recherche zur Personalauswahl.

Übrigens, Personalchef: Am Schreibstil sowie speziell an der Schrift machen manche Personalchefs ihre Entscheidung zu Einstellung oder Ablehnung fest.

Die Analyse von Handschriften nennt sich **Grafologie**. Sie befasst sich mit dem von Hand Geschriebenen, denn jeder hat eine andere, individuelle Schrift.

Das jeweilige Schriftbild kann aus der grafologischen Sichtweise etwas über die Persönlichkeit aussagen. Die einzelnen Merkmale einer Schrift sollen auf den Persönlichkeitstyp schließen lassen.

Die Grafologen analysieren Schriften; sie schließen dann von dem Schriftbild auf bestimmte Persönlichkeitsmerkmale.

Beispielsweise: Angeblich ist eine Person mit einer sehr unregelmäßigen Schrift, die manchmal über und manchmal unter den Zeilen schwebt, kein besonders gut organisierter Mensch.

Ein Mensch, der hingegen besonders auf eine genaue Zeilenführung achtet, soll sehr zielstrebig oder auch ehrgeizig sein.

Besondere Schnörkel in der Schrift können ein Zeichen für Überheblichkeit und Selbstverliebtheit sein.

Klare Schriften sollen auf unkomplizierte und umgängliche Menschen schließen lassen.

Bei der Grafologie wird aber immer das gesamte Schriftbild untersucht, also die Summe der Details, die auf gewisse Merkmale des Schreibers schließen lassen.

Ein Grafologe geht davon aus, dass, wie sonst bei der Körpersprache, gewisse Bewegungen und Haltungen nach außen übertragen werden, in diesem Fall zur Handschrift.

Hierbei darf aber auch nicht unerwähnt bleiben, dass die Grafologie umstritten ist.

Gebärdensprache

Ein Kind das die Gebärdensprache erlernt, vermag damit auch seine Gefühle zu transportieren, über dessen Inhalt zur Wortdarstellung hinaus.

Hierbei wird besonders deutlich, dass die visuelle Kommunikation auch die vom jeweiligen Inhalt unabhängigen Aspekte einer Kommunikation mit darstellt.

Die Kommunikation mittels Gebärdensprache durch gehörlose beziehungsweise stark hörbeeinträchtigte Menschen übermittelt sowohl die Sprach- als auch die Emotionssignale mit den Händen, dem Mund und anderen Körperteilen.

Es werden ebenso die veränderten Bedeutungen (Humor, Zynismus, ...) durch begleitende Mimik oder besonders hervor gehobene, „betonte" Ausführung von Gebärden übertragen.

Die Ausführung von Bewegungen, der Gebärden, stellt ein Gesamtbild dar und wird entsprechend vom Gegenüber visuell aufgenommen.

Die Form der gebildeten Signale muss natürlich, wie bei allen anderen Sprachen oder Kommunikationsformen, einem Konsens, also einer Konventionalisierung, unterliegen, um die richtige Interpretation zu ermöglichen.

Dementsprechend erfolgt dann eine Reaktion mit den gleichen, verständlichen, visuellen Signalen.

Jegliche visuelle Kommunikationsform fordert auch eine bewusste oder weniger bewusste Reaktion heraus.

Mehr noch als bei einer ausschließlich vokalen Art der Kommunikation müssen oder sollen, wie bereits erwähnt, bei visueller Kommunikation auch persönliche Gefühle mitschwingen, neben dem formal gehaltenen Inhalt.

Die Vorstellung von Kommunikation, in allen nur möglichen Formen und jedem Ausdruck, hat besonders in den letzten achtzig Jahren unser Denken geprägt.

Diese Blüte der Kommunikationswissenschaften hat die Geisteswissenschaften: Philosophie, Geschichtswissenschaft, die Soziologie und nicht zuletzt auch die Psychologie, in Ausprägungen eines allumfassenden Kommunikationsgedankens aufgelöst und entsprechend verwandelt.

Das „Magische Quadrat für Verstehen" versinnbildlicht wie überall das direkte Zusammenspiel von absichtsvoll geführter Kommunikation mit gemeinsamer, geistiger Wirklichkeit und der Zuneigung dazu.

Daraus entsteht schließlich die Folgerung, wenn nicht sogar die Forderung zur Übereinstimmung auf dem Wege zum Verständnis und zu gutem Verstehen.

Gesprächskultur

„Das Handy fungiert als Herzschrittmacher ersterbender Gesprächskultur der Postmoderne."

Peter Cerwenka, Univ.-Prof. a.D.
Technische Universität Wien

„Das gehört zu einer ehrlichen Gesprächskultur, dass man auch einmal sagt:´Du bist a Depp´".

Dr. Hans Peter Haselsteiner, Steuerberater, Vorstand der STRABAG AG (Österreich, 1944)

Mit guter, Mentaler Kommunikation lässt sich die Welt verändern. Ich sage hier aber nicht, dass damit tatsächlich eine Verbesserung angestrebt wird. Was gut oder schlecht ist liegt sowieso ausschließlich in der Betrachtung desjenigen der es erlebt.

Doch so furchtbar schlecht, wie manche tun, sind die Verhältnisse auf Erden nun auch wieder nicht, wenn wir uns der Ansicht der Mehrheit aller Menschwesen anschließen.

Das Ziel von angenehmen Gesprächen soll einfach Harmonie sein, zunehmende Harmonie: Menschen begegnen sich > ein Gespräch beginnt > sie unterhalten sich > ihre Übereinstimmung im Thema schafft Gemeinsamkeit > das spürbare Gefühl von Zusammengehörigkeit baut sich auf.

So einfach kann es sein, wenn die Menschwesen in ihrer Kultur oder in ihren Kulturen zueinander finden.

Was aber hat dies mit Kultur zu tun?

Der Begriff Kultur kommt vom Lateinischen "cultura", was „Bearbeitung" oder „Pflege" und sogar „Ackerbau" bedeutet.

Sie ist all das, was Menschen gestaltend hervorbringen, im Unterschied zu der von ihm weder geschaffenen noch veränderten Natur.

Solche Kulturleistungen sind jegliche, in irgendwelcher Art und Weise gearteten Umgestaltungen von bereits vorgegebenem Material. Wir finden eben diese als kulturell anzusehenden Leistungen in der Technik wie in der bildenden Kunst.

Auch die geistig hervorgebrachten Gebilde: Religion, Moral, Recht, Wirtschaft oder Wissenschaft sind Ausdruck von Kultur.

So ist die Gesprächskultur, jegliche Art und Weise, abhängig von der Zeit und vom Ort, ein per Konversation erschaffener Umgang zwischen Menschen.

Diese kann sich sowohl zivilisiert als auch weniger höflich zeigen. Die Gesprächskultur ist nämlich sehr viel mehr als das bloße, verbale Aneinanderreihen von Worten.

Richtig zu kommunizieren heißt unter anderem eine Wortwahl zu treffen, die der jeweiligen Situation und dem angestrebten Ziel angemessen ist.

Auch Grammatik und Stimme sowie jegliche nonverbale Kommunikationsform spielen dafür wichtige Rollen.

Zudem haben sich abhängig vom jeweiligen Kulturkreis, dafür gewisse Normen entwickelt, die die Gesprächskultur beschreiben.

Nur wer sich seinem Kulturkreis, seinem gesellschaftlichen Umfeld entsprechend auszudrücken versteht kann auch erwarten, dass er verstanden wird.

Lass Dich einfach durch Beispiele aus verschiedenen Situationen des täglichen Lebens für das Thema Gesprächskultur sensibilisieren und verbessere dadurch Deine eigenen Erfolge bei der Kommunikation.

Auf meiner eigenen Suche nach guten Beispielen bin ich in Wikipedia, der freien Enzyklopädie im Internet, auf folgende interessante Darstellung gestoßen, auf die: **Freimaurerische Gesprächskultur**.

Dieser Begriff „Freimaurerische Gesprächskultur" steht für eine innerhalb der Freimaurerei gepflegte Kultur des Gesprächs und der sachlichen Diskussion.

Grundsätze sind dabei, dass nicht nur jeder Gesprächsteilnehmer seine Meinung frei äußern darf, sondern er kann auch sicher sein, dass diese danach von den anderen Teilnehmern weder be- noch abgewertet wird oder nach dem Gespräch an Nicht-Teilnehmer verbreitet wird.

Der dann nachfolgende Teilnehmer kann den formulierten Gedanken aber selbst aufgreifen, aus einem anderen Blickwinkel heraus betrachten und selbst dazu Stellung nehmen.
Die Unterschiedlichkeit der Meinungen ist beabsichtigt. Allerdings ein Konsens beziehungsweise eine einheitliche Sichtweise ist nicht beabsichtigt.

Heftige Streitgespräche im Sinne einer emotionalen Debatte sollen dabei nach Möglichkeit vermieden werden. Besonders Streitgespräche über die Politik und über Religion sind völlig tabu, wenn die politische Standortbestimmung oder die religiöse Zugehörigkeit der Teilnehmer zum Diskussionsgegenstand würde.

Die Gesprächsatmosphäre soll stets brüderlich und entspannt sein. Dazu gehört selbstverständlich das gegenseitige Vertrauen der zugehörigen Teilnehmer, ihre Gedanken und Meinungen frei äußern zu können.

Selbst wegen ihrer freigeistigen Ansichten oder gedanklicher Tabubrüche dürfen sie nicht angefeindet werden.

Das Gespräch kann dort in einer besonderen Form stattfinden, zum Beispiel als Rundgespräch, das heißt: Die internen Teilnehmer geben das Wort jeweils im Uhrzeigersinn an den Nachbarn weiter. Das Gespräch endet nach einer festen Anzahl von Runden.

Eine wieder andere Struktur bei den Freimaurern besitzt das Kerzengespräch. Dabei sitzen die Teilnehmer in einem (oft abgedunkelten) Raum.

Zuerst wird das Thema skizziert. Der erste Diskutant hält eine brennende Kerze in der Hand, die er, sobald er seinen Beitrag beendet hat, an den nächsten Teilnehmer weiterreicht. Solange der Sprecher die Kerze in der Hand hält, kann er weitersprechen, während die anderen schweigen.

Gespräche in dieser Form sind nicht geeignet Entscheidungen einer Gruppe zu treffen, da nur das Gespräch selbst das Ziel ist und nicht die Feststellung einer herrschenden Meinung oder eines mehrheitsfähigen Kompromisses.

Die freimaurerischen Gespräche finden nur intern statt. Gemeinsam mit Gästen werden Gespräche in dieser Art nicht praktiziert.

*****

Donnerwetter, habe ich mir gedacht! Das erinnert ein wenig an ein Pow-Wow bei den nordamerikanischen Indianern.

Deren kultureller Austausch mit Tanzriten und Gesang soll nämlich ebenfalls den Zusammenhalt untereinander stärken.

Auch dort werden allerlei Themen zumeist gemütlich besprochen. Ein verzierter Gesprächsstab, anstelle einer Ritualkerze, gewährleistet jeweils einem Sprecher seine Redezeit.

*****

Der »Talking Stick«, der Gesprächsstab, wird heute ebenso bei psychologischen Gesprächsrunden sowie bei Reiki-Treffen eingesetzt.

Er besteht beispielsweise aus einem urigen Wurzelholz, geschmückt ist es mit farbigem, eingeflochtenem Garn, möglichst zusätzlich mit Muschelsplittern oder mit einer Vogelfeder und mit Filzblümchen.

Griffbereit liegt er auf dem Tisch. Wenn jemand aus der Runde etwas zu sagen hat und reden möchte, nimmt er einfach den Stick in die Hand und legt los.

Eine Teilnehmerin meinte hierzu einmal: „Wir diskutieren nicht, wir unterhalten uns. Der freundschaftliche Dialog ist eine Kommunikationsweise bei der die Einzelnen versuchen, die Sichtweise des jeweils anderen zu verstehen, sie stehen zu lassen und zu respektieren. Man möchte die eigene Sichtweise durch die der anderen bereichern.

Es gilt auch, den Anderen oder die Andere als wichtige Persönlichkeit, mit all ihren Eigenheiten auszuhalten."

Anstelle des Stabes werden auch andere Gegenstände benutzt, wie ein Ball, ein Stein oder ... .

Zur Gesprächskultur gehört es offenbar auch, bei Gelegenheit in der Lage zu sein, eine kleine Rede halten zu können oder aber einen Toast auf jemanden aussprechen zu können.

Besonders wichtig sind drei Verhaltensweisen:

> Andere ausreden lassen,
> dabei aktiv zuhören und
> bewusst bestätigen.

Sowohl bei einem Smalltalk als auch bei wichtigeren Gesprächsthemen ist mit diesem Verhalten die Grundvoraussetzung geschaffen, um wirklich verstehen zu können, was der/die/das Gegenüber vermitteln möchte.

Hier stellen sich die Fragen: **Was ist Smalltalk?** Welche Themen eignen sich eigentlich für den Smalltalk?

Das Wörterbuch gibt dafür die Antworten: Als Smalltalk bezeichnet man eine beiläufige Konversation ohne Tiefgang. Alltagsgespräche über das Wetter, den Hund oder einen Einkauf gehören in diese Kategorie.

Außerdem ist Smalltalk eine Programmiersprache. Doch damit beschäftigen sich andere, die mehr davon verstehen.

Smalltalk als die beiläufige Konversation gehört hier zu einem wesentlichen Teil der Gesprächskultur.

Dabei kommt es immer darauf an, mit welchen Gesprächspartnern man gerade zusammen ist. Je nach Gelegenheit gestaltet sich der Smalltalk anders. So hört er sich im Kreise der Familie sicherlich anders an als bei einer gesellschaftlichen Veranstaltung.

Zudem richtet sich der Smalltalk sowohl nach dem persönlichen Interesse als auch nach dem Stand der Bildung, der eigenen sowie dem Bildungsstand der anderen.

Das Zuhören: Meistens lassen Mitmenschen einander zwar ausreden, doch die Erwiderungen lassen ahnen, dass nur ein Teil der Rede auch verstanden wurde. Offenbar mangelt es, öfter als man denkt, am Zuhören, dabei vor allem an der Fähigkeit des aktiven Zuhörens.

Dies liegt vermutlich daran, dass jedermann erst einmal in seinem eigenen Gedankensumpf dümpelt, bevor er/sie sich auf den Redeschwall seines/ihres Gegenüber einschwingen kann oder will.

Deshalb ist es notwendig, dass der Aussender einer Mitteilung weiß womit er es zu tun haben kann und von vorne herein Geduld mit dem Empfänger aufbringt. Es mag sogar sehr sinnvoll sein, den Beginn eines Gesprächsfadens nochmals zu wiederholen, um die nötige Aufmerksamkeit zu bekommen.

Sich über einen Mangel an Aufmerksamkeit selbst zu ärgern ist sicherlich die schlechteste Reaktion.

Schwierig wird das Zuhören auch dann, wenn Menschen von einem Redeschwall überwältigt werden. Nicht immer kann oder will jemand den entweder hoch- oder eher tieffliegenden Aussagen eines Redners folgen.

Hierbei kommt es dann gar nicht erst zum Ausredenlassen, denn der Sprecher ist auf Dauerbetrieb eingestellt.

Eine mehr oder minder heftige Unterbrechung, ist somit die einzige Möglichkeit, um selbst einmal zu Wort zu kommen.

Beispielsweise bei alten Ehepaaren hat einer, meistens der Mann, auf Durchzug geschalten. Ihm wird dann vorgeworfen nicht richtig zuzuhören.

Vielleicht bekommt er sogar ein Hörgerät verpasst, weil ihm nichts anderes übrig bleibt als sich taub zu stellen.

Diese Art der Kommunikation, in Form des Zudröhnens, ist sogar tatsächlich krankmachend. Letztlich führt sie zur Funkstille zwischen den Eheleuten. Man hat sich nichts mehr zu sagen, weil "alles schon gesagt wurde".

Ähnlich verhält es sich mit einer Dauerbeschallung durch Funk, Fernsehen und verschiedene Tonträger. Die Menschen, die sich dem aussetzen, werden bald weniger empfänglich für die Feinheiten in der zwischenmenschlichen Konversation.

Manchmal hat man den Eindruck, als würden sie geradezu aus dem Umgang mit anderen Menschen fliehen. Das sind dann vermutlich diejenigen, die in aller Öffentlichkeit mit Geräten und Ohrstöpseln zum Musikhören herumlaufen.

Das aktive Zuhören bleibt immer dann auf der Strecke, wenn auf die eine oder andere Art das Bewusstsein herabgesenkt ist.

Dann richtet das menschliche Körpersystem Automatismen ein die lediglich so tun als ob. Im Gegensatz zur Aktivität macht sich Teilnahmslosigkeit breit. Es wird keine lebendige Reaktion mehr gezeigt.

Bei Bewusstlosigkeit, im Schlaf, in Hypnose oder in Narkose reagiert das System un- oder nichtbewusst. Es können sogar Antworten erfolgen, von denen der Bewusstlose im Nachhinein allerdings nichts mehr weiß.

Erst das **bewusste Bestätigen** schafft wieder ein Miteinander im Hier und Jetzt.

Dieser, im kommunikativen Miteinander bewusst eingesetzten, Bestätigung kann nicht genug Wichtigkeit beigemessen werden.

Erstens erfolgt durch sie absichtsvolles Zusammenspiel beim Gesprächsverlauf und zweitens bewirkt eben diese bewusste Bestätigung einen Schutz vor der beschriebenen Überwältigung durch den kommunikativen Dauerbeschuss.

Leider versagt die Schutzfunktion, wenn wir fortwährend nur einseitig beschallt werden.

Funk, Fernsehen und Film machen uns zu Opfern, beim ungeprüften Konsum von Informationen und Bildern.

Dieses Herabsenken von bewusstem Sein machen sich Propagandisten zunutze, indem sie ihre Zuhörer und Zuschauer zu Systemsklaven herabwürdigen. Die kommunikative Überwältigung wirkt einschläfernd, abstumpfend; sie wirkt sich sogar körperlich aus, wenn die Menschen dadurch in einen tiefen, der Bewusstlosigkeit ähnlichen Schlaf verfallen.

Unter anderem schlafen deshalb Beteiligte beziehungsweise Nichtbeteiligte bei Predigten, Frontalvorträgen und im schulischen Frontalunterricht ein.

Hilfreich, um sich im Hier und Jetzt zu halten, ist zum Beispiel das Mitschreiben (von Hand, mit Stift und Papier > wirkt wie das Ableiten von Energie).

Auch durch Abgähnen, Abhusten, Niesen sowie durch spezielle Atemtechniken, beispielsweise einer Stoßatmung, hält man sich in der Gegenwart und kann den Überwältigungen zumindest zeitweilig entkommen.

Das menschliche Miteinander in vernünftigen Dialogen bleibt allerdings auf der Strecke, wenn solche Überwältigungen längere Zeit andauern.

Horst Siebert (der Leiter des Instituts für Erwachsenenbildung, Universität Hannover) beschreibt das menschliche Miteinander im Dialog folgendermaßen:

"Der Dialog ist ein zentrales Thema bei der abendländischen Philosophie - von Sokrates bis Martin Buber, von Gadamer bis Habermas.
Der Dialog ist nicht lediglich eine Kommunikationsform, sondern er gehört zum Wesen menschlicher Identität und des gesellschaftlichen Miteinanders. Im Gespräch mit anderen kommen wir zu uns selbst. So entwickeln wir unser Selbstbewusstsein.
Wir erleben unsere Zugehörigkeit zu einer großen Verständigungsgemeinschaft, erzeugen eine Welt die wir mit anderen teilen, die sich dadurch als vernünftig erweist. Der Dialog hat so eine persönliche, eine soziale und nicht zuletzt eine politische Dimension. Und dennoch sind Dialoge selten.
Es wird viel geredet, wenn der Tag lang ist. Es wird viel diskutiert, belehrt und informiert.
Und gleichzeitig wurde errechnet, dass Ehepartner in den USA im Durchschnitt täglich weniger als vier Minuten miteinander sprechen.
In unserer modernen Informationsgesellschaft scheinen die Fähigkeiten zu einer dialogischen Gesprächsführung eher verloren zu gehen."

David Bohm schreibt in seinem Buch „Der Dialog, das offene Gespräch am Ende der Diskussion":

„Es steckt eine Menge Gewalttätigkeit in den Meinungen, die wir verteidigen.

Es sind nicht lediglich Meinungen. Es sind diejenigen Annahmen mit denen wir uns identifizieren und die wir verteidigen, weil es so ist, als würden wir uns selbst verteidigen."

Dementsprechend meint Horst Siebert:

"Dem Dialog geht es nicht um Positionsbehauptung, rhetorische Rechthaberei oder Durchsetzung sondern um Verständigung. Deshalb ist es wesentlich, nicht nur gesprächsbereit zu sein, sondern auch zuhören zu können, aber auch nachzudenken, bevor man redet. Zuhören als Haltung, nicht wo kann ich widersprechen, sondern was will der andere sagen.

Die Denkhaltung des offenen Dialogs unterscheidet sich prinzipiell von der des politischen Streitgesprächs. Aus politischen Diskussionen will man als Sieger hervorgehen, man lauert darauf den Gegner auf dem falschen Fuß zu erwischen. Im Dialog ist man auch nicht an einem sofortigen Einverständnis interessiert, denn dann wäre das Gespräch sofort zu Ende, sondern man lässt sich anregen, erwartet Widerspruch, um das eigene Argument zu prüfen. Der offene Dialog ermöglicht ein Probedenken.

Im Dialog will niemand Recht haben, sondern alle wollen gemeinsam eine Sache klären. Im Dialog ereignet sich eine gemeinsame Entwicklung unter Wahrung der Individualität.

Der Dialog erfordert kritische Partner, aber eine konstruktive, freundliche Kritik. Dialogfähigkeit und -bereitschaft ist nicht nur eine kommunikative Kompetenz, sondern eine Haltung, und zwar sich selbst gegenüber als Bewusstsein der eigenen Individualität, anderen gegenüber als Zeichen der Anerkennung und schließlich der Gesellschaft sowie der Umwelt gegenüber."

Damit rückt der Dialogbegriff in die Nähe des Bildungsbegriffs im Sinne Hartmut von Hentigs:

„Die Menschen stärken und die Sachen klären."

Horst Siebert führt weiterhin aus:

"Der Dialogbegriff wird vorwiegend auf Zweiergespräche oder Gespräche in kleinen Gruppen bezogen.

Angesichts wachsender Individualisierungs- und Pluralisierungsprozesse und damit verbundener Sprachbarrieren und Milieu-Unterschiede kommt dem Dialog zwischen den Generationen, den Geschlechtern sowie zwischen den Kulturen eine große gesellschaftspolitische Bedeutung zu.

Die Sozialforschung hat deutlich gemacht, dass Ängste, Aggressionen, Vorurteile gegenüber anderen Gruppen zunehmen je weniger Sozialkontakte möglich sind.

Je weniger Gespräche zwischen der älteren und jüngeren Generation, zwischen Menschen unterschiedlicher Kulturen stattfinden, desto mehr Konflikte und sozialer Sprengstoff entwickeln sich.

Obwohl der Dialogbegriff auch politisch in aller Munde ist - als Bürgerdialog, ökologischer Dialog, Dialog mit der Jugend, Dialog zwischen den Kulturen und Religionen - unterliegt Politik anderen Regeln und Rationalitäten.

Dabei stelle ich nicht die Dialogbereitschaft einzelner Politiker in Frage, sondern ich denke an Politik als System, an die politischen Strukturen.

Andererseits steht es auch um die politische Kultur der Öffentlichkeit nicht zum besten.

Die vorherrschende Mentalität scheint die der permanenten Besserwisser zu sein."

Ulrich Beck stellt für die 90er Jahre fest:

„An die Stelle des Schreckens tritt das Gleichgewicht der ewigen Nörgler. Alle sind uneins mit allem und allen. "

Viele Gespräche sind oft erschreckend unproduktiv. Dies liegt weniger an den beteiligten Personen, als vielmehr daran, dass die wenigsten der Beteiligten wissen, was ursächlich zu Kommunikationsstörungen führt. Noch weniger ist manchen bewusst, welche Auswirkungen ein verstopfter oder ein gestauter Kommunikationsfluss zur Folge hat.

Entsprechend häufig wird dafür appelliert, eine Gesprächskultur zu etablieren. Wahrscheinlich weil es mit ihr tatsächlich nicht zum Besten steht.

In Bezug auf Gesprächskultur in Unternehmen habe ich von Stéphane Etrillard im worldwide Netz eine hochinteressante Abhandlung über "Kommunikation via Vertrauen?" gefunden:

"Beim Kommunizieren werden oft erstaunliche Fehler gemacht, die keineswegs ein Problem beheben, sondern selbst zum Bestandteil desselben werden und schon gar nichts mit Gesprächskultur zu tun haben. Gemeint sind hier "Ratgeber" und Strategien, die versprechen, mit Hilfe von rhetorischen Tricksereien, zu häufig sind dies manipulierende Fragetechniken, Durchsetzungskraft und Führungsstärke zu erlangen: Solche Patentrezepte sind für das Gegenüber entwertend.

Mit ihnen kann man vielleicht einschüchtern, sich die Dinge vorübergehend vom Hals halten und seine Mitarbeiter abblitzen lassen, eine effektive, erfolgreiche Kommunikation im Sinne der Unternehmensziele wird so aber sicher nicht stattfinden.

Der Mitarbeiter wird vielmehr auf "Durchzug" stellen und sich seinerseits von der Arbeit distanzieren. Ähnlich verhält es sich, wenn der gute Wille zwar da ist, das Gesagte aber unauthentisch und gekünstelt wirkt.

Insbesondere dann, was schon entlarvend ist, wenn in hektischen Phasen oder Stresssituationen plötzlich ein anderer Ton angeschlagen wird.

In beiden Fällen fehlt das Vertrauen. Und, ein solcher Vorgesetzter, dem wir nicht vertrauen, wird letztendlich nicht Ernst genommen.

Das in Japan verwendete Schriftzeichen für Kommunikation ist gleichbedeutend mit "Vertrauen vermitteln". Das eine wird mit dem anderen gleichgesetzt. Gute Kommunikation ist nur möglich, wenn die Kommunikationspartner einander vertrauen. Mangelt es aber an Glaubwürdigkeit, verfehlt das Gesagte sein eigentliches Ziel. Tatsächlich bringen Sach-, Problemlösungs-, Kritik- und Beurteilungsgespräche nicht viel, wenn die Vertrauensbasis fehlt.

Ein wesentlicher Faktor für eine gelungene Kommunikation, um das Vertrauen zu vermitteln, ist die gegenseitige Wertschätzung. Nur in einem Klima der wechselseitigen Wertschätzung kann authentische Kommunikation stattfinden; hier ist es möglich, konkrete Fakten zu beschreiben, ohne um den heißen Brei herumzureden und ohne Missverständnisse oder Unbehagen hervorzurufen.

Wie Sie gleich sehen werden, zahlt es sich direkt in vielerlei Hinsicht aus, im Unternehmen eine niveauvolle Gesprächskultur zu pflegen.

Auch ein Lügner kann nur erfolgreich täuschen, wenn er im Normalfall die Wahrheit spricht. Ansonsten wäre auch die Lüge nutzlos, keiner würde sie ihm abkaufen. Aber gerade bei der Ehrlichkeit in der Unternehmenskommunikation hapert es oft gewaltig.

Versuchen Sie doch mal, einen Tag lang Ihren Mitarbeiten und Kunden gegenüber gänzlich aufrichtig zu sein. Vielleicht genügt es für weniger Mutige zum Anfang auch, wenigstens die Lügen und Halbwahrheiten nur zu zählen.

Als Goethe selbst seine Autobiografie veröffentlichte, nannte er sie weitsichtig "Dichtung und Wahrheit". Damit zeigte er ein hohes Maß an Selbstreflexion. Er wusste, wenn der Mensch über sich selbst und von den Dingen spricht, die ihm wichtig sind, neigt er dazu, zu verschleiern, schön zu färben, schlichtweg zu lügen.

Ein Sachverhalt, der sich im Unternehmen kaum anders verhält: Veränderungen und ihre Ursachen sowie wichtige Entscheidungen (die selten bis nie ohne Konsequenzen für die Mitarbeiter bleiben) werden im Rahmen einer restriktiven Informationspolitik nur rudimentär kommuniziert, Probleme werden vertuscht oder beschönigt.

Solche Methoden der Unternehmenskommunikation sind allzu weit verbreitet, sie zeigen dabei ganz offenkundig einen Mangel an Vertrauen wie auch an der Wertschätzung.

Denn, werden die Mitarbeiter nicht, widerwillig oder falsch informiert, heißt dies nichts anderes, als dass ihnen kein Vertrauen entgegengebracht wird, dass sie es nicht wert sind, umfassend informiert zu werden. Zugleich wird von den Mitarbeitern Motivation und hohe Leistungsbereitschaft erwartet. Wofür? Niemand wird sich gerne für jemanden richtig ins Zeug legen, der einem kein Vertrauen entgegenbringt und es nicht für notwendig hält, elementare Informationen zu kommunizieren.

Mitarbeiter wollen auf dem neuesten Stand sein. Ein informierter Mitarbeiter ist zu erheblich mehr Leistung bereit, als einer, der nur ein sprichwörtliches Rädchen im Getriebe ist.

Nur wer über bestehende Schwierigkeiten und ihre möglichen Folgen Bescheid weiß, kann seinen Teil dazu beitragen, diesen auch entgegenzuwirken. Zugleich, was oft vergessen wird, ist ein Unternehmen wie ein kleines Dorf: Gerüchte sprechen sich schnell herum.

Aus einer nicht ganz der Wahrheit entsprechenden, für die Ohren der Mitarbeiter bestimmten Information wird so schnell ein mit den schlimmsten Befürchtungen gewürztes Konstrukt, das nach unten, oftmals verfälscht oder dramatisiert, durchsickert und dabei unkontrolliert für Spannungen sorgt und so letztendlich den Unternehmenszielen schaden können.

Ein Unternehmen ist gewiss nicht der richtige Ort, um "Stille Post" zu spielen!

Selbstverständlich werden auf der Führungsebene eines Unternehmens streng vertrauliche Aspekte behandelt, die nur für einen begrenzten Personenkreis bestimmt sind.

Doch um diese geht es hier nicht. Gemeint sind Informationen, welche die Mitarbeiter tatsächlich direkt angehen (und auf Dauer ohnehin nicht verschwiegen werden können). Häufig bleiben solche aus reiner Konfliktscheu oder einem falschen Harmoniebedürfnis unkommuniziert.

Eine gute Führungskraft geht Konfrontationen, zumal jenen, die sich früher oder später sowieso nicht vermeiden lassen, nicht aus dem Weg und steht zu ihren Entscheidungen. Dadurch gewinnt sie das Vertrauen der Mitarbeiter ebenso wie ihren Respekt.

Vertrauen bedingt grundsätzlich fortwährend ein hohes Maß an Zuverlässigkeit. Wichtig ist hierbei zudem, dass den Ankündigungen, also ihren Worten, auch entsprechende Taten folgen."

Stéphane Etrillard spricht mir aus der Seele, wenn er diese Zeilen veröffentlicht.

Wie wir alle wissen, auch wenn es viele nicht wahrhaben wollen, ist ungetrübtes Vertrauen das effektivste Schmiermittel, mit dem sowohl zwischenmenschliche Beziehungen unter Partnern als auch geschäftlich wirtschaftliche sowie politische Kontakte problemlos funktionieren.
Jegliche Lügerei oder jede Halbwahrheit lässt das Vertrauen schwinden. Es ist dann schwer bis fast unmöglich hier wieder anzuknüpfen und eine vernünftige Basis für neues Vertrauen zu schaffen.

Denn wir kennen diese Volksweisheit:

"Wer einmal lügt dem glaubt man nicht, und wenn er auch die Wahrheit spricht!"

Hier hilft dann nur noch die Vergebung, als versöhnendes Element nach einem Konflikt und als Teil einer längerfristigen Investition in die Beziehung.

Patrick Weidner meint hierzu:

"Bei einem Streitgespräch kommt es immer wieder einmal vor, dass man sich absichtlich oder unabsichtlich verletzt. Es kann aber auch dazu kommen, weil jeder einfach seine Persönlichkeit ausspielt und der andere es in bestimmten Situationen als einen Angriff beziehungsweise verletzend empfindet.
Deshalb ist es wichtig sich für die Schwächen, Stärken, Ansichten, Wünsche und Bedürfnisse des anderen zu interessieren.
In einem Streit bedeutet es, zu wissen, mit welchem Gegenüber man es zu tun hat, mit wem man streitet.

Ein wichtiges Element der Gesprächskultur in dem Konflikt beziehungsweise zur Konfliktbewältigung ist die Vergebung. Dabei geht es darum, dem Partner zu vergeben, was er in einem Streit gesagt oder getan hat.

Vergebung schafft einen gesunden Boden für gegenwärtige und für kommende Konflikte. Vergebung erleichtert die Last eines Streites und öffnet nach dem Konflikt den Weg zum Herzen des Partners.

Mit Vergebung wird eine Beziehung sogar frei von Altlasten die sich ansonsten von Streit zu Streit anhäufen könnten. Ein "Nachtragen" wird erschwert und somit die Chance auf "Leichen im Keller" erheblich reduziert. Denn es sind gerade die "Leichen" (unverarbeitete Konflikte), die in einer Beziehung immer wieder für Streitpotential sorgen und sehr zermürbend sein können. Vergebung ist eine Haltung, eine Einstellung. Sie hat mit der Einsicht zu tun, dass es insbesondere in einer Liebe zwischen zwei Menschen keinen Raum für Anklage und Vorwürfe gibt.

Der Charakter von Vergebung hat etwas mit Reife, Demut und Selbstlosigkeit zu tun. Demut deshalb, weil man bedingungslos bereit sein sollte, den eigenen Stolz zu überwinden und den jeweiligen Partner für eine verletzende Aussage, um Vergebung zu bitten. Selbstlosigkeit, weil es in diesem Moment darum geht, wie es dem anderen geht, was man mit dem eigenen Verhalten erzeugt hat. Zu erkennen, dass man den Partner tatsächlich etwas verletzt hat, ist bereits ein Zeichen emotionaler und persönlicher Reife."

Diese wichtigen Aussagen bezieht Herr Weidner zwar ganz speziell auf eine harmonische partnerschaftliche Gesprächskultur in Ehen und dergleichen, aber diese Erkenntnisse können ebenso auf innerbetriebliche sowie geschäftliche Beziehungen ausgeweitet werden.

Hierzu können wir uns von den vielen Menschen in Fernost eine große Scheibe abschneiden (wobei es leider auch hier keine Verallgemeinerungen gibt).

Patrick Weidner fährt fort:

"Ein weiteres wichtiges Element der Konflikt-kommunikation, somit wichtig zur Konfliktbewälti-gung, welches unmittelbar an die Vergebung an-knüpft, ist die Wiedergutmachung.
Wiedergutmachung signalisiert dem Partner die Bereitschaft zur Veränderung. Die Vergebung wird mit der Wiedergutmachung zum praktischen Tun.

Hier ein paar Tipps zur Wiedergutmachung:

> Wiedergutmachung beginnt immer einseitig.

Beziehe Deinen Partner nie in Deine Schuld mit ein, weder ganz noch teilweise. Bei Wiedergutma-chung geht es ausschließlich um Dein Verhalten. Es geht nicht darum etwas zu verhandeln, sondern dar-um Deine Fehler zu bekennen.

> Wiedergutmachung beginnt nicht mit dem Wort "Wenn".

Der Selbsteinsicht, dass man jemanden verletzt hat, darf kein Satz wie: "Wenn ich dich beleidigt habe" oder "Wenn Du nicht so dummes Zeug gesagt hättest" folgen. Vielmehr sollte es heißen: "Bitte, vergib mir.", "Es tut mir leid." und "Ich bitte Dich um Vergebung.".

> Wiedergutmachung ist keine Garantie für so-fortige Wiederherstellung und Heilung.

Du bist für die Antwort des anderen nicht verantwortlich. Setze daher niemand unter Druck. Manche Worte oder Taten haben tiefe Verletzungen beim Partner verursacht. Heilung braucht Geduld.

> **Wiedergutmachung muss immer im Verhältnis zur Tat stehen.**

Eine überproportional große Wiedergutmachung ist ungesund für die Beziehung und kann für ein Ungleichgewicht zwischen den jeweiligen Partnern sorgen. Wiedergutmachung kann als Unterwürfigkeit oder falsche Demut verstanden werden.

Der Partner könnte das ausnutzen und eine überzogene Opferrolle einnehmen. Der Grundsatz der Verhältnismäßigkeit sollte von beiden stets im Auge behalten werden.

> **Wiedergutmachung geschieht für die Beziehung.**

Es geht niemals darum, sich als besonders reif über den Partner zu stellen. Das wäre eine völlig falsche Haltung zu diesem wichtigen Thema.

Das ganze Thema der Vergebung und der Wiedergutmachung ist im Kontext der liebevollen Beziehung zu einem oder mehreren Menschen zu sehen. Es ist ein wichtiges Element des menschlichen Zusammenlebens.

Die Vergebung bildet den Gegenpol zu der Atmosphäre, die durch einen Konflikt die Beziehung belastet.

Diese Sichtweisen haben in erster Linie etwas mit einer heilenden, konstruktiven Entscheidung pro Beziehung zu tun.

Wer Menschen liebt, der vergibt!

Das Vergeben heißt nicht vergessen, wie es doch so schön heißt: Vergeben und vergessen!

Wer vergisst, lernt unter Umständen nichts dazu, sondern er verdrängt. Aus einem Konflikt sollte aber etwas gelernt werden.

Um das Gelernte vorbehaltlos umzusetzen muss der emotionale Boden frei von Verletzung und "Altlasten" sein.

Nur so können sich Streitthemen nicht zu Dauerbrennern entwickeln. Nur so kann eine konstruktive Atmosphäre der Entwicklung innerhalb der Beziehung geschaffen werden.

Um das Thema Vergebung und Wiedergutmachung bildlich auszudrücken: Wer sich in den Finger schneidet wird augenblicklich einen Schmerz spüren. Dieser Schmerz wird die Erkenntnis erzeugen, dass es wichtig ist zu handeln.

Es wird die praktische Behandlung der noch offenen Wunde folgen. Ein dafür passender Verband wird angebracht, um die Blutung zu stillen.

Etwas später wird man den Heilungsprozess eventuell noch durch eine Heilsalbe unterstützen.

Um Vergebung zu bitten ist die klare Erkenntnis, jemanden verletzt zu haben. Wiedergutmachung ist die praktische Behandlung dieser Verletzung. Sowohl die Erstversorgung als auch die Nachsorge."

Meine hervorragenden Kolleginnen und Kollegen, in den Themenstellungen von Gesprächskultur und Kommunikation, gehen zwar von ziemlich verschiedenen Blickwinkeln und Gesichtspunkten aus, wir finden uns allerdings letztendlich auf ähnlichem Niveau sowie bei ähnlichen Grundlagen wieder.

Das gemeinsame Ziel besteht immer darin:

In Harmonie miteinander
leben zu wollen.

Da zumindest die westliche Welt ganz offensichtlich zu viele Menschen mit einem extrem hohen Mitteilungsbedürfnis aber zu wenig gute Zuhörer hat, füge ich hier nun, im Rahmen der Ausführungen die Informationen von Patrick Weidner an:

Aktives Zuhören

Es geht bei dieser Methode darum zuzuhören. Wer richtig zuhört versteht um was es geht, muss nicht interpretieren oder spekulieren.

Es geht nicht darum so schnell wie möglich eine Lösung für das Anliegen oder das Problem des Partners zu finden.

Zunächst soll das aktive Zuhören dazu dienen zu verstehen um was es dem Mitmenschen geht, was ihn bewegt und was er erwartet. Mit dieser Methode kann ein hohes Maß an Aufmerksamkeit und Identifikation mit dem Gegenüber oder seinem Anliegen während eines Gesprächs erreicht werden.

Aktives Zuhören vermittelt Wertschätzung und Interesse am Anderen und dem, was sie/er zu sagen hat. Diese Wahrnehmungen sind enorm wichtig für eine positive, Mentale Kommunikation.

Wichtige Elemente:

A) <u>Die Gefühle des Partners ansprechen</u>
> Beispiele: "…Das bedrückt Dich.."; "..Dir geht es damit nicht gut.."; "..Dein Schmerz ist groß.."

B) Spiegeln

Dies ist das in Worte fassen, was der Partner selbst gesagt hat. Dabei werden jedoch andere sprachliche Formulierungen verwenden.

Das Spiegeln dient dazu, Missverständnissen vorzubeugen und signalisiert Gesprächsbereitschaft.

> Beispiel: Er: „Ich war heute richtig gut mit Jörg radeln." Spiegel: „Die Bewegung mit Jörg zusammen hat Dir echt gut getan."

C) Signale

Hierbei geht es darum verbale, paraverbale oder nonverbale Signale von sich zu geben, um dem Partner zu zeigen, dass man noch bei der Sache ist und ihm aufmerksam folgt.

> Beispiel: Als Bestätigung beispielsweise ein „Hm" oder „Aha" von sich geben oder zustimmend mit dem Kopf nicken.

D) Vertiefende Fragen

Nachfragen wirkt unterstützend für den Gesprächsverlauf und verdeutlicht dem Gesprächspartner gleichzeitig wo es einen Mangel an Informationen gibt. Durch Nachfragen werden Missverständnisse verringert und das Anliegen des Partners gewinnt an Klarheit.

Es ist hierbei unter anderem wichtig, nach den Gefühlen zu fragen und Interesse zu zeigen an dem, was ihn bewegt.

> "Was bedeutet das für Dich?"

> "Wie machst Du das?"

> "Wie geht es Dir dabei?"

Was beim aktiven Zuhören nicht gestattet ist:

A) <u>Sich selbst einbringen in Form von:</u>
> „...das ist mir kürzlich auch passiert." – Egal!!! - es geht jetzt um den Partner.
> „... das kann ich Dir nachfühlen." – das kann gar nicht sein - jeder Mensch fühlt individuell.
> Konkrete Sachfragen stellen, die den Partner davon abhalten sein Problem oder seine Geschichte ungehindert zu erzählen.
> „Wie und wo ist es denn passiert?" oder „Wie hieß der Typ noch mal?"

B) <u>Werten, qualifizieren und beurteilen:</u>
> Das ist schlecht
> Das ist sehr gut
> So ein Mist!

C) <u>Kritisieren, moralisieren, verallgemeinern, Besserwisserei:</u>
> Da hast Du einen Fehler gemacht.
> Das gehört sich nicht!
> Schon wieder Du mit Deinem ....
> Das habe ich Dir doch gleich gesagt!
> Das habe ich schon immer gewusst ....

Die harmonische Gesprächskultur unter den Menschen ist entscheidend wichtig als Voraussetzung für eine angenehme Gesprächsatmosphäre. Mir ist es hier ein besonderes Anliegen dieses Kulturgut zu hegen und zu pflegen.

Doch leider wird nicht intensiv genug daran gearbeitet.

Denn ohne das ständige Erschaffen einer kulturellen Anwendung von Mentaler Kommunikation geht uns das kulturelle Erbe, genannt geistreiche Gespräche, mehr und mehr verloren.

Wie auch Horst Siebert bereits erwähnte, orientieren sich viele Menschen der Gegenwart viel zu oft nur an kurzen, wenig intelligenten Dialogen in Film und Fernsehen, an einsilbigen Nachrichten und an politischem Gerangel.

Zudem zerhacken, zunehmend erfolgreich, neuere technische Einrichtungen die Kommunikation.

Dies begann mit Telegramm und Telefax und setzt sich fort bei SMS und e-Mail. Zwischenmenschliche Gespräche sterben dadurch immer mehr ab.

Außerdem ist die Art und Weise der Dialoge für ältere Menschen kaum mehr verständlich, weil nicht nur die Sätze sondern auch die Worte abgekürzt und der gebrochenen Sprechweise angepasst werden.

Vielleicht sollten wir uns gemeinsam dagegen stemmen, darin übereinstimmen dem Kulturgut „Gespräch" wieder mehr Aufmerksamkeit zu widmen.

Killer-
Kommunikation

Eigentlich wollte ich diese, mir wichtige Passage mit Streit-, Kampf- oder Kriegs-Kommunikation überschreiben. Doch bin ich davon abgekommen, weil ich die eigene, die ganz direkte, die persönliche Verantwortlichkeit für das Geschehen im kommunikativen Miteinander mehr betonen möchte.

Schließlich sind die Reizworte Streit, Kampf und Krieg zu weit entfernt vom am eigenen Leibe Erlebbaren, weil sie immer mit einem oder mehreren anderen besetzt sind, dem oder denen man dann Schuld zuweisen könnte.

Aber wir selbst, jeder unmittelbar, sind die Killer, die Kommunikationskiller, total selbst verantwortlich, wenn das Miteinander zerbricht.

Letztlich ist es einfach grundsätzlich wahr: Wer die Kommunikation auf die eine oder andere Art und Weise, dieser in dem Folgenden beschriebenen Praktiken, durchführt, begibt sich über den Streit hinaus in ein Kampfgeschehen, in einen Krieg.

Dieser Krieg spielt sich, nach meiner Erkenntnis, sowohl im Zusammenleben mit den anderen als auch mit sich selbst und sogar mit dem eigenen Körper ab.

Viele Menschen werden damit sowohl zu Killern an ihren Mitmenschen, als auch an den eigenen Idealen, ihren Zielen und Lebensumständen und letztlich an der eigenen Gesundheit.

Beispielsweise ist Krebs wie Krieg im eigenen Körper.

Die „fremden Zellen" (oder sind es nur einfach, uns selbst fremd gewordene Zellen?) bedrohen aggressiv die Gesundheit.

Wenn wir den Ärzten in diesem Zusammenhang zuhören, so wird immerfort „der Krebs bekämpft", mit chemischen Kampfstoffen und/oder mit Laserwaffen.

Wie wäre es denn, wenn wir einfach mal wieder in Kommunikation mit diesen Zellverbänden gehen würden. Würden diese vielleicht sogar wieder vernünftig und müssten ihren Krieg mit dem Rest des Systems nicht länger führen?

Aus anderen Beispielen weiß ich: Wird eine Person per Kommunikation durch ihren Körper geführt, kann sie selbst tatsächlich wahre Wunder bewirken und Dinge wieder beheben. Ärzte müssten dabei ihre Grenzen kennenlernen.

Die Kampf-, Kriegs- oder Killer-Kommunikation kann an allen neun Punkten des **Magischen Quadrates für Verstehen** ansetzen oder einfach dort geschehen. Man kann jeglichen Krieg durch den Mangel an Kommunikation beginnen und ihn anders herum wieder beenden.

Eine reguläre Kriegserklärung ist immerhin noch die ehrlichste kommunikative Form, aber zumeist auch schon der allerletzte Schritt vor den ersten, größeren Kriegshandlungen.

Beim darauf folgenden Kriegsgeschehen sprechen dann die Waffen. Gewaltanwendung wird dann zur vorrangigen Form von Kommunikation.

Erst die Friedensverhandlungen, ebenfalls eine Kommunikationsform, lösen das Drama und führen zu einem friedvolleren Zustand, einem möglichst gemeinsam, in Übereinstimmung gefundenen Frieden.

Sehr viel subtilere Anzeichen für einen beginnenden Krieg oder eine kriminelle Handlung finden wir in den folgenden Ausführungen.

Halten wir uns dazu das Magische Quadrat nochmals vor Augen:

01) **Absicht** 02) **Kommunikation**

03) **Ausgleich**   04) **Wirklichkeit**

05) **Gemeinsamkeit** 06) **Zuneigung**

07) **ÜBEREINSTIMMUNG**   08) **VERSTÄNDNIS**

09) **VERSTEHEN**

Wir wissen, wenn an einem der wirkenden Punkte eine energetische Zunahme erfolgt, dann verstärken sich die Übereinstimmung und damit das Verständnis füreinander sowie das Verstehen.

Wird hingegen einem dieser Punkte weniger Aufmerksamkeit geschenkt oder ihm gar geraubt, so schrumpfen auch die anderen Punkte, sie können regelrecht in sich zusammenstürzen.

Die Übereinstimmung, das Verständnis und das Verstehen schlagen dann um, in Missstimmung, Missverständnis bis Unverständnis und Missverstehen.

01) Angefangen bei der **Absicht** zur Kommunikation, entlarven wir als Killer entweder einfach keine Absicht dazu oder deutlich gemachte Gegenabsichten. Es gibt kaum etwas Schrecklicheres als die Kommunikation zu verweigern oder diese abrupt abzubrechen. Wer aus der Kommunikation aussteigt begeht gewissermaßen eine Todsünde, im Umgang mit seinen Mitmenschen sowie mit dem Leben.

Der Rückzug aus dem Miteinander ist zugleich ein sich Zurückziehen aus dem Verständnis füreinander und dem ausgleichenden Verstehen zueinander.

Gleichbedeutend mit keiner Kommunikation ist den anderen zuzudröhnen, ihn mit eigener Kommunikation in Grund und Boden zu argumentieren, zu reden, zu quatschen oder gar zu brüllen. Hier ist keinerlei kommunikativer Ausgleich mehr möglich.

Vollquatschen und Zudröhnen sind einseitig geführte Propaganda und lassen keine Gegenrede zu.

Die Befähigung zur Kommunikation lässt es noch lange nicht zu jemandem den Mund zu verbieten, dies macht einfach keinen Sinn.

Diesen gravierenden Mangel an Höflichkeit in der Gesprächskultur verdeutlichen solche Worte wie: „Halte den Mund!" oder „Jetzt rede ich!".

Dies ist ein Ausdruck von, wie es das Wort schon sagt: „Bevormundung", fast schon eine „Entmündigung".

Auszuflippen, auf den Tisch zu hauen oder so etwas wie: „Basta!", zu äußern, zeugt ebenfalls von mangelnder Absicht zur Kommunikation.

Hier ist der Weg nicht mehr weit zur Androhung von Gewalt oder zur Ausübung von Gewalttätigkeiten.

Wir werden im Folgenden wiederholt feststellen, dass sich die einzelnen Punkte des Magischen Quadrates immer wieder überschneiden und ineinander fließen.

Der Fluss der Kommunikation lässt sich eben nicht in ein Korsett zwängen. Die Absicht zur Kommunikation muss aktiv und absichtsvoll hin und her schwingen dürfen; vom Aussender einer Information zum Empfänger und wieder zurück. Bis sich ein angenehm harmonischer und für beide Seiten brauchbarer Dialog, ein Konsens zur Übereinstimmung, bildet.

Ein einseitig ausgesandter Informationsfluss, wie wir ihn von den modernen Massenmedien kennen, überwiegend von Fernsehen und Rundfunk, ist daher keine absichtsvoll geführte Kommunikation sondern, wie schon erwähnt, eine Art Zudröhnen mit einseitiger Meinungsmache.

Die Machthaber im so genannten Dritten Reich und andere Diktatoren auf dem Planeten haben sich damit besonders profiliert.

Immerhin versuchen die Medien heute, speziell die Printmedien, Zeitungen und Zeitschriften, eine halbwegs brauchbare Zweiwege-Kommunikation aufzubauen. Über Seiteninhalte für Leserzuschriften wird versucht Interaktion zu schaffen. Als Interaktion bezeichnet man das wechselseitige aufeinander Einwirken von Akteuren oder Systemen.

Alles was diese kommunikative Interaktion nicht zulässt oder sie abschneidet oder beschneidet, gehört in die Kiste der Killer-Kommunikation.

So genannte demokratische Abstimmungen sowie Schieds- oder Richtersprüche dürfen daher niemals das Ende einer Debatte sein.

Sie sollten lediglich der Einstieg in eine Kommunikation sein, mit erweiterten Voraussetzungen zu den bisherigen Argumenten.

02) Kommunikation

In diesem Bereich sind selbstverständlich alle möglichen Arten oder Formen der Kommunikation angesiedelt: Verbale („digitale"), paraverbale (Veränderungen der Stimme im Sprechverhalten), nonverbale („analoge") und visuelle (kreierte) Kommunikation.

Verbales Killerverhalten:

In jedem Falle ist sowohl angenehme Konversation als auch ein Killerverhalten möglich. Verbal geäußerte Killerphrasen sind beispielsweise pauschalisierende und abwertende Angriffe in einer Diskussion.

Sie sind nicht objektiv an der Sache orientiert, sondern sie werden im Gegenteil, vorzugsweise dann hervorgezogen, wenn Sachargumente fehlen.

Eine soziale Dominanz wird hervorgekehrt, um, bei sachlicher Unterlegenheit, das „Recht des Stärkeren" geltend zu machen.

Killerphrasen sind Scheinargumente! Sie sollen dazu dienen, Vorstellungen und Ideen des anderen als total ungeeignet darzustellen, ohne dabei die Problematik direkt auszusprechen.

Diese irren Phrasen sind eine Art und Weise, eine Form des böswilligen, auf gewalttätige Konfrontation gerichteten Argumentierens; sie sollen verunsichern, bloßstellen bis mundtot machen.

Damit soll die zu starke Persönlichkeit eines anderen herabgesetzt werden.

Der auf Charles Clark (US-Amerikanischer Autor und zudem Kursleiter für das Management) zurückgehende Begriff: Killerphrase (killer phrase) wird allgemein umgangssprachlich oft synonym für „Totschlagargument" benutzt.

Beispiele für Killerphrasen oder Totschlagargumente:

A) **Die Autorität**:

„Wie oft muss ich das noch sagen?", „Das brauchst Du mir nicht zu sagen.", „Hast Du keine anderen Sorgen?", „Was hier wichtig ist, weiß ich selber.", „Da hätten Sie vorher mal besser zuhören sollen!", „Wenn du richtig zugehört hättest, ...", „Das weiß doch jedes Kind.", „Wie doch jeder weiß ...", „Typisch ...!", „Das läuft so nicht!", „Basta!", „Welcher Phantast ist denn darauf gekommen?", „Sie immer mit Ihren Ideen!", „Was glauben Sie, wozu ich studiert habe?", „Sie stellen sich das so einfach vor.", „Um das beurteilen zu können, fehlt Ihnen das Fachwissen.", „Quatsch!", „Ohne jetzt die Diskussion unterbinden zu wollen ...".

Sobald jemand anfängt sich aufzublasen, sich als mehr darstellen will als seine Gesprächspartner, können wir darauf warten, dass er über kurz oder lang genau diese herabwürdigenden Killerphrasen drischt.

Diese Person versucht andere klein zu machen, indem er/sie Wertungen, Be- oder Abwertungen, vor sachlichen Argumenten gebraucht.

B) **Sinnlosigkeit**:

„Das hat doch keinen Sinn!" oder „Das ist Unsinn!", „Das wäre ja noch schöner!", „Alles graue Theorie.", „Es gibt keine vernünftige Alternative!", „Es ist alternativlos.", „Das bringt am Ende doch nichts ein.", „Das wächst uns doch über den Kopf.", „Das kann ja gar nicht funktionieren!", „Das ist doch viel zu umständlich.", „Man würde sich aufregen.", „Um die Sache mal objektiv zu betrachten.", „Meinst du das im Ernst?".

Die Sinnfrage wird einfach untergebügelt, indem das Projekt oder ein Vorschlag als angeblich insgesamt sinn- und wertlos, damit unwichtig dargestellt wird.

Auch hier schwingt sich ein „Alleswisser" oder ein „Allesbesserwisser" über seine Gesprächspartner auf und versucht sie lahm zu legen.

C) **Raum-, Zeitfaktoren**:

„Das besprechen wir ein andermal!", „Das ist interessant, aber eher ein Thema für eine spätere Sitzung." „Werden wir nicht alle oft erst aus Schaden klug?", „Das würde den Rahmen sprengen.", „Ich weiß schon, wie das endet.", „Dafür ist die Zeit dafür noch nicht reif.", „Das dauert zu lange.", „Das geht im Augenblick nicht.", „Das müssen wir alle noch einmal überschlafen.", „Dazu müsste Herr ...(abwesend) Stellung nehmen.".

Das Weg- oder Aufschieben eines Problems ist typisch für die bürokratische Vorgehensweise von öffentlichen Verwaltungen oder von Managementetagen, die sich allzu weit von der Basis entfernt haben.

Da der menschliche Verstand sowieso in einem Drei-Tage-Rhythmus arbeitet, ist dieses Schieben von Problematiken sehr weit verbreitet.

D) **Traditionalisierung**:

„Das ist eben so.", „Also so neu ist das ja auch wieder nicht. Haben wir schon vor zwei Jahren probiert. Ging schon damals nicht.", „Das hat noch nie funktioniert!", „Das haben wir doch alles schon einmal ausprobiert.", „Bei uns herrschen andere Bedingungen.", „Daran sind schon ganz andere gescheitert.", „Das haben wir schon immer so gemacht.", „Dafür sind wir nicht zuständig.", „Das ist doch längst überholt.", „Das ist grundsätzlich richtig, aber bei uns nicht anwendbar.".

Solche Aussagen lassen erkennen, dass jemand sich fast ausschließlich der Vergangenheit verpflichtet fühlt. Jegliche Neuerung sowie die zukunftsweisenden Denkweisen gefährden dessen Weltbild.
Traditionalisten sind die Verfechter des Althergebrachten und erklärte Gegner von Veränderungen.

E) **Faktenlose Fakten**:

„Wir wollen uns doch nicht die Finger verbrennen.", „Das ist unserer Zielgruppe nicht vermittelbar.", „Das ist politisch nicht korrekt.", „Auch Sie werden sich der Tatsache nicht verschließen können, dass ...", „Da werden wir doch nur Schwierigkeiten kriegen.", „Das hat Professor X längst geklärt.", „Das ist sicher zu teuer.", „Das ist ja unmöglich.", „Das ist doch nur ein Totschlagargument.".

Diese klingen fast wie echte Wahrheiten, sind jedoch nur vorgetäuschtes Wissen oder beziehen sich auf Schein- oder Halbwissen.

Auch hier erkennt man den echten Wahrheitsge-halt eines Argumentes am seiner Detailgenauigkeit.

Allzu unbrauchbare Verallgemeinerungen entlar-ven den Killer sofort. Wer so kommuniziert, will ganz schnell aus der Diskussion aussteigen.

Er hat entweder etwas zu verbergen oder will von etwas wirklich Wichtigem ablenken.

Auf Killerphrasen muss unbedingt angemessen reagiert werden.

Ansonsten werden sie immer wiederholt und treten sogar verstärkt auf.

Als diejenigen Gesprächspartner, die die „Phraso-logie" erkennen können, dürfen wir uns nicht in die Defensive drängen lassen.

Das soziale Dominanzgehabe des/der anderen muss geschickt auf die sachliche Schiene zurückge-führt werden. Dies kann zum Beispiel geschehen, in-dem vor der Fortsetzung des Gespräches, gezielt die vom Phrasendrescher verursachte Problematik an-geschnitten wird.

Dem kommunikativen Gegenüber muss bewusst gemacht werden, dass er mit seiner herablassendes oder ungeschickten Wortwahl zum Kommunikations-killer wird. Weder Verallgemeinerungen noch per-sönliche Angriffe und Bewertungen haben in einer vernünftigen Konversation etwas zu suchen.

Jegliche Form der boshaften Killer-Kommunika-tion erkennt man immer an ihren Verallgemeinerun-gen (jeder ..., alle ..., niemand ..., keiner ...) sowie auch an ständigen Rechtfertigungen und verlogener, ver-bogener Logik.

Paraverbales Killerverhalten:

Diese Tötung der Kommunikation äußert sich beispielsweise durch ein brutales Niederbrüllen. Der/die/das Gegenüber wird erbarmungslos eingeschüchtert. Ihm wird keinerlei Möglichkeit zu einer wirklich vernünftigen Antwort gegeben, außer vielleicht zu einem lautstarken: „Yes Sir!", wie es bei der amerikanischen Armee üblich ist.

Auch geflüsterte Drohungen, wie wir sie aus diversen Filmen über die Mafia oder mit Geheimagenten kennen, rechnen wir den buchstäblichen Killern zu, diesmal allerdings in Bezug auf die kommunikative Absicht.

Von andauernden Brabblern oder -innen können wir ebenfalls keine ordentliche Kommunikation erwarten. Der-/diejenige spricht immerfort vor sich hin.
Man weiß nicht einmal genau, sind es hier nur Selbstgespräche oder will die Person tatsächlich etwas mitteilen.
Ewige Anzweifler finden ständig ein Haar in der Suppe oder sie glauben nichts, wirklich überhaupt nichts.
Eine geäußerte Meinung oder eine erzählte Geschichte wird als unglaubwürdig be- und abgewertet.

Man erkennt die Person nicht nur an den verbalen Äußerungen sondern bereits am geradezu chronischen Tonfall. Ein abwertendes Schnaufen oder dergleichen, Laute die wortlos ausdrücken sollen, dass man andere Personen nicht „für voll" nimmt, vernichten bewusst jegliche Kommunikation.
Vor allem schon deshalb, weil es den Gesprächspartnern unmöglich gemacht wird, darauf angemessen zu reagieren.

Übrigens, auch ein paraverbal wahrnehmbarer, unterschwelliger Zynismus sowie Ironie und Sarkasmus haben absolut nichts mit einem harmlosen Schabernack oder gesundem Humor gemeinsam.

Sie wirken einfach nur negativ und sind Killer ersten Ranges.

Es sind sogar häufig die paraverbalen Untertöne die viele Gespräche töten, in einer ansonsten völlig normal wirkenden Kommunikation.

Diese paraverbalen Untertöne töten die Sympathie, bauen Gefühlsbarrieren auf und verhindern so das Verstehen im Austausch von Informationen.

Nonverbales Killerverhalten:

Mit diesen hochsensiblen, überwiegend auf tieftoniger Emotionalität beruhenden Kommunikationsformen stirbt immer ein wenig Zuneigung, also die Affinität bei jeglicher negativ wirkenden Gefühlsäußerung und ganz besonders bei offener Gefühlskälte. Eine plötzliche Abkehr von einer laufenden Kommunikation ist der wohl brutalste Akt, um menschliche Nähe zu zerstören. Die Affinität ist ruck-zuck im Keller.

Auch demonstratives Schweigen, verbunden mit einem gefühlskalten Pokerface, zeugt von sehr wenig bis gar keiner Achtung für das Gegenüber. Der Gesprächspartner wird in beiden Fällen einfach nicht als solcher respektiert und wie Luft behandelt.

Herablassendes Belächeln sowie eine ähnliche Mimik oder Gestik setzen einer jeden Kommunikation die Narrenkappe auf. Sie gerät dadurch zur Farce, zum Theaterstück, ohne Realitätsbezug.

Da ist der demonstrativ gezeigte Stinkefinger oder das Zeigen eines imaginären Vogels doch schon fast wieder geradezu menschlich verbindend.

Darauf lässt sich zumindest angemessen reagieren, denn davon kann man sich nämlich tatsächlich beleidigt fühlen.

Sogar vor Gericht wird diese Ausdrucksform der Kommunikation als Beleidigung anerkannt.

Visuelles (kreatives) Killerverhalten:

Personen mit einem eindeutig provokantem Killerinstinkt finden wir vermehrt bei Künstlern des 20ten und des 21ten Jahrhunderts.

Während in den früheren Zeiten die Kommunikation sich dem Geschmack ihrer Mitmenschen zuwandte, brechen moderne Kunstschaffende mit alten Traditionen und widersprechen mit Absicht einem kommunikativen Anspruch.

Die Frühzeit von uns Menschen dokumentieren zahlreiche, wundervoll gestaltete Höhlenmalereien.

Wir kennen zwar nicht die wahre Absicht, die sich hinter diesen Kunstwerken verbirgt, doch der kommunikative Effekt ist enorm. Auch heute können wir noch genau nachvollziehen, wie sich das Leben damals abgespielt hat. Jedenfalls ist ein Killerverhalten aus diesen Bildern nicht abzulesen.

In beziehungsweise schon vor der so genannten Antike haben die Schöpfer von Kunstwerken die Realität überhöht und Schönheit so gestaltet, dass das Werk erst den Göttern und dann auch den Menschen gefällig war.

Deren Kommunikation richtete sich also vorrangig an das ästhetische Empfinden des Geistigen.

Auch hier sollte die Kunst offenbar noch rein kommunikativen Zwecken dienen. Schlimmstenfalls entwickelte sich eine kleine Kluft zwischen jener Tempelkunst und der Gebrauchskunst.

Später, bis zur Zeit des Mittelalters, war die Kunst sowohl im Orient als auch im Okzident vielfach für die Religionsausübung geschaffen worden. Kirchenzentren, Klöster und Kirchenfürsten waren potente Auftraggeber, die dem Künstler die religiöse Prägung vorschreiben konnten.

Auch weltliche Mäzene, vorrangig solche aus dem Adel, richteten sich oft noch nach kirchlichen Vorgaben. Motive und Gestaltungen in Kunstform sollten die Macht des Göttlichen und der Kirchen sowie nicht zuletzt die der weltlichen Herrscher hervorheben, denn nicht jeder konnte sich Kunst und Künstler leisten.

Damit wurden die Betrachter jener Zeit von der Überlegenheit der Mächtigen überzeugt, manchmal sogar in Angst und Schrecken versetzt.

Dies erinnert uns an die Autorität, die sich mittels Killerphrasen über andere zu erheben versucht.

Als das Bürgertum begann sich Kunstwerke zu leisten, wurden die Darstellungen und Darbietungen weniger theatralisch. Mit dessen Kunstverständnis entstanden wieder die eher einfach nachvollziehbaren Abbilder einer Welt für alle Menschen. Der kommunikative Charakter dieser Werke war weit weniger auf überhebliche, kluftenbildende Konfrontation ausgerichtet.

Erst die individualisierten, egozentrischen Werke neuerer Zeit dringen mit Macht in die Gefühlswelt ihrer Betrachter ein.

Die Kunstschaffenden erzeugen entweder absichtlich aggresiv den gewünschten Widerspruch oder sie lassen mehr oder weniger kluge Diskussionen bezüglich ihren künstlerischen Leistungen zu.

Abstraktionen oder Zerrbilder der Realität muss man entweder mögen oder von sich weisen, also keine Zuneigung dazu haben.

Noch brutaler sind jene „Werke", denen manch einer den Titel „Kunst" gern ganz absprechen möchte. Oder wer meint denn: Ein „Scheißhaufen in der Ecke", ala Joseph Beuys, darf noch als Kunst bezeichnet werden?

Es scheint fast so, als würde das „Magische Quadrat des Verstehens" aus den Fugen geraten, wenn wir ihm die moderne Kunstszene beiordnen wollen.

Doch lass Dich nicht ins Boxhorn jagen. Auch hier ist dieser „Neun-Punkte-Plan" noch immer anwendbar. Lediglich die Kunstschaffenden selbst setzen sich teilweise ziemlich bewusst der Gefahr aus, nicht bis zum Verstehen vordringen zu können.

Oder will etwa ein Künstler nicht von seiner Hände oder seines Geistes Arbeit gut leben und nicht nur existieren? Im kommunikativen Weg zum Verstehen ist nämlich auch der Weg zum Erfolg vorgezeichnet.

Selbst die Profikiller im Thema Kommunikation, bei der Anwendung von visuell kreativem Töten, müssen mit den Gesetzen für Kommunikation leben.
Es geht nur darum, diese Gesetze anzuerkennen, sie zu verstehen und ihnen zu folgen.

03) Ausgleich

Bei einem solchen Ausgleich bedarf es der Aussendung von Kommunikation, sodann jemanden der diese Sendung empfängt, schließlich angemessen darauf reagiert, also antwortet.

Der Sender wird daraufhin zum Empfänger und der Empfänger wird wieder zum Sender, ein ständiger Fluss von Kommunikation auf zwei abwechselnden Wegen. Daher spricht man auch von einer Zweiwege-Kommunikation.

Während gute, Mentale Kommunikation im Miteinander einem Konsens zustrebt, lässt schlechte Kommunikation keine Argumente mehr zu.

Die Killer- oder Totschlagkommunikation lässt andere Meinungen, für einen gut wirkenden, harmonisierenden Ausgleich, nicht mehr gelten.

Auch ein überfallartiges Totreden, mit einem ungebremsten Redeschwall, lässt keinerlei Ausgleich zu.

Genau so wirkt das brutale Stellen von Forderungen anstatt des Äußerns von Bitten. „Bitte" und „Danke" wären sowieso nur zwei unverzichtbare Zauberworte im harmonischen Miteinander, niemals während eines Kriegszustandes.

Der Unterschied zwischen einer Bitte und einer Forderung ist fundamental. Einer Bitte darf widersprochen werden; auch ein „Nein" ist hier immer noch durchaus akzeptabel.

Bei einer Forderung drohen negative Auswirkungen. Einem „Nein" folgen jetzt nämlich harte Sanktionen. Dies muss nicht immer offensichtlich passieren, wie in der Form von Strafmaßnahmen. Möglich ist auch einfach die Erzeugung von Angst oder von Schuldgefühlen beim Gegenüber.

Die Rechts- ebenso wie die Unrechtssysteme arbeiten mit einem ganzen Katalog an Forderungen. Wenn damit kein schlechtes Gewissen mehr genährt wird, dann hat sich wohl bereits die irre kriminelle Denk- und Handlungsart durchgesetzt.

So oder so ähnlich argumentieren zumindest diejenigen, die dem eigentlich sehr schwachen System zuarbeiten.

Kriminelle Denk- und Handlungsart wird von den auf Trennung ausgerichteten Kommunikations-Unterdrückern sicherlich gezielt erzeugt. Wo soll bei diesem schlimmen Klima der andauernden Vorverurteilungen noch vernünftige Kommunikation stattfinden?

Zu häufig eskaliert die angebliche Verteidigung der unverrückbaren und gerade deshalb verrückten Fronten zu einem von Gewalt durchsetzten Szenario.

So äußerte Mao Tse-tung, einst der politische Führer Chinas:

"Macht entspringt aus dem Lauf einer Waffe."

Die lebensentfremdende Kommunikation zeigt sich durch fortwährend moralisch geprägtes Urteilen über den Kommunikationspartner.

Dazu gehört ebenso das Diagnostizieren, das Zuschreiben und Vergleichen von Eigenschaften. Vorschnelle Wertung, Be- und Abwertung, schiebt den anderen in vorgefertigte Schubladen.

Dessen Meinung wird einfach dogmatisch festgeschrieben. Sie wird nicht noch einmal hinterfragt, weder in Freundschaft noch in Partnerschaft.

Praktizierter Dogmatismus, der zu oft in Borniertheit gipfelt, ist leider eine weit verbreitete Erscheinung. Der menschliche Verstand versucht damit Standards zu schaffen, mit denen er seine analytische Vorgehensweise vereinfachen kann. Letztlich wird mit diesen „obertollen Leitlinien" zwar das Denkvermögen unseres individuell angelegten Verstandes vereinfacht, zugleich aber das kommunikative Miteinander von Menschwesen erschwert.

Denn eben diese Leitlinien oder Standards können völlig anders aufgestellt sein als beim Gegenüber, dem möglichen Partner im Gespräch, je nach Kultur und Gesellschaftsform, sogar je nach Generation oder Geschlecht.

Die fehlende Bestätigung beim kommunikativen Ausgleich ist, trotz möglicher anderer Betrachtungsweise, nicht notwendigerweise ein Zeichen für schlechtes Zuhören.

Manche Menschen haben es einfach nicht gelernt, dass durch das Bestätigen der Gesprächsfluss aufrecht erhalten werden kann.

Denn das ist wirklich wahr: Wenn nicht bestätigt wird, gerät ein Gespräch leicht ins Stocken.

Weil das Gegenüber nicht mehr zu wissen bekommt: Bin ich nun verstanden worden oder wurde mir etwa gar nicht zugehört?

Beim Bestätigen darf auch keine robotische Wortwahl angewandt werden, wie zum Beispiel ein andauerndes: „Ich verstehe!" oder dergleichen.

Übrigens kann eine korrekte Bestätigung auch das bewusste Sein stabilisieren und als Abwehrreaktion zu überwältigender Kommunikation eingesetzt werden.

Damit halten sich Menschen in der Gegenwart, im Hier und Jetzt, um nicht an die Wand geredet zu werden.

Bewusstes Nichtbestätigen ist jedenfalls ein hinterhältiger Kommunikationskiller.

Damit lässt sich so gut wie jede Konversation ausbremsen. Denn das Warten auf ein Bestätigen erzeugt eine ziemliche Lücke im Gespräch.

Jetzt noch diese provokante Behauptung:

Die parlamentarische Demokratie ist ein besonders hinterhältiger, weil unterschwellig wirkender Kommunikationskiller!

Die hierarchisch geführten Parteien mit entsprechenden, fast als geheimnisvoll gehaltenen Seilschaften, bestimmen den Lauf der Politik in einer Gesellschaft. Sobald eine demokratisch geführte Wahl vorüber ist, haben immer diese starken Parteien gewonnen.

Selbst, wenn die Mehrheit nicht eindeutig nachvollziehbar ist, hat nach der Wahl jeder einzelne Wähler das Recht verloren mitzureden, wie bei der Bildung von regierungsfähig gemachten Koalitionen oder dergleichen. Er hat schließlich, im wahrsten Sinne dieses Wortes, seine Stimme abgegeben!

Der kommunikative Ausgleich leidet gewaltig, wenn sich gewählte, königsgleiche Herrscherfiguren über ihr Volk erheben. Gestützt werden diese Leute von ihren Parteifreunden und getreuen Lobbyisten aus der Wirtschaft und bei den Medien.

Ein halbwegs rettendes Heftpflaster, auf diese extrem weit klaffende Wunde bei der Kommunikation, wären sehr viel mehr Bürgerentscheide.

Beim kommunikativen Umgang mit den Bürgern muss noch viel getan werden. Doch es gilt leider immer wieder: Die Mehrheit majorisiert die Minderheit.

Soziokommunikative Modelle behandeln ein Miteinander beim Kommunizieren genau so, wie es dem „Magischen Quadrat für Verstehen" gerecht wird:

> Keine Abstimmung zur Unterdrückung von Minderheit.

> Das Projekt oder die Problemstellung wird glasklar formuliert, damit jeder versteht worum es geht.

> Es wird so lange diskutiert bis ein Ergebnis zustande kommt.

> Alle müssen mit diesem Ergebnis einverstanden sein.

> Stimmen nicht alle mit dem Ergebnis überein, wird entweder das Problem neu formuliert oder das Projekt wird nicht durchgeführt.

Dieses Modell erfordert kleine, überschaubare Einheiten, die sich dem jeweiligen Projekt widmen oder die von der Problemstellung direkt betroffen sind.

Zudem ist wichtig, dass die Gruppierung tatsächlich befugt und in der Lage ist, ein Ergebnis durchzusetzen, durchzuführen und aufrecht zu erhalten. Jedenfalls ist bei dieser Modellsituation der kommunikative Ausgleich extrem wichtig.

Die mentale Kommunikation muss beständig fließen, darf nicht unterbrochen oder gekillt werden, bis die Bemühungen von einem Ergebnis gekrönt sind.

Leider ist der menschliche Umgang untereinander selten so ideal.

Besonders dann nicht, wenn es notwendigerweise darum geht Problemstellungen zu lösen oder Herausforderungen zu begegnen.

Der Ausgleich, die hin und her fließende Kommunikation, ist bereits dann zum Sterben verurteilt, wenn Menschen im Glauben sind, sich unbedingt gegen ihre Mitmenschen durchsetzen zu müssen. Dann entwickeln sie nämlich Strategien, die im Kleinen wie im Großen überaus ähnlich sind.

Rechtssysteme strukturieren sich durch Forderungen gegenüber den Bürgern. Recht hat, entsprechend der Symbolfigur für Gerechtigkeit, der blinden Justitia, das Bestreben einer Waagschale, die sich zum entweder / oder neigt.

A) Unbedingt Recht haben müssen!

Recht haben zu wollen zieht die Schuldgefühle an. Die Vorstellung im Recht zu sein ist daher gleichbedeutend mit den Gedankengängen zum Thema Schuld. Sie werden gezielt hervorgerufen, um das Rechthaben zu rechtfertigen.

Auf ein Rechtssystem bezogen heißt dies heute: Alle Menschen sind automatisch potentielle Rechtsbrecher. Außer sie beugen sich demonstrativ unter das Recht, senken den Kopf tief, wenn das Richtschwert der Justitia wie ein bedrohliches Damokles-Schwert über ihnen schwebt.

Die Schuld bestimmt das Leben aller Mitbürger, wenn es nach dem Willen der „Vertreter" des Rechts geht. Denn in dem Bezug auf die überwältigenden, vielfältigen Vorschriften herrscht die Meinung: „Unwissenheit schützt nicht vor Strafe!"

„Kriminalität", in der Form von schulderzeugendem, minimalem Fehlverhalten, wie dem Falschparken oder ..., bis hin zu echten Straftaten, erwächst so aus der absichtlich herbeigeführten Klein-Klein-Kriminalisierung von Leuten.

Die Rechthaberei ist sowieso ein weit verbreitetes Phänomen. Das Deutschland der ehemaligen „Dichter und Denker" wurde zunehmend zum Land der „Richter und Henker".

Diskussionen arten hierzulande nicht selten in belastende Streitgespräche aus, wenn Gesprächspartner auf ihren Standpunkten beharren und diese sich immer mehr festfahren.

Eine allzu heftig geführte Streitkultur ist niemals eine Kommunikationskultur. So ist das Bedürfnis etwas ausdiskutieren zu wollen nichts anderes, als im Laufe der Diskussion beim Gegenüber einen Schwachpunkt finden zu wollen. Hat man ihn dann gefunden, wird der „Gegner" damit an die Wand genagelt.

„Du kannst keinen Krieg gewinnen, wenn Du nur Generäle in der Armee hast!" Genauso kannst Du kein vernünftiges Gespräch führen, wenn sich jeder anmaßt mehr Macht über den anderen haben zu wollen.

Wer unbedingt Recht haben will, muss wohl im Vorfeld bereits eine ganze Menge Schuld auf sich geladen haben.

Derjenige will mit seiner ewigen Rechthaberei offensichtlich jegliche Schuldzuweisung weit von sich weisen; er will von sich ablenken.

B) **Andere ins Unrecht setzen!**

Mit dieser Maßnahme beginnt fast jeder Konflikt. Schuldzuweisungen enthalten im Kleinen wie im Großen erstklassiges Konfliktpotential.

Dies hat Gültigkeit bei den zwischenmenschlichen Partnerschaften ebenso wie bei Beziehungen unter … bis hin zu Staaten.

Jegliche Erklärung mit dem Tenor: „Du hast Unrecht!" reißt gewaltige Gräben zwischen den Partnern auf. Der Abstand zueinander wird so immer größer, bis die Kommunikation auf der anderen Seite nicht mehr ankommt.

Die Kommunikation wird sogar instinktiv abgewehrt, weil jedes weitere Wort von vorne herein als Angriff gewertet wird. Es könnte ja wieder eine versteckte Schuldzuweisung dahinter verborgen sein.

Was wir vermutlich alle schon einmal in Erfahrung bringen mussten, ist: Schuld erzeugt Schmerz. Die Menschen krümmen sich unter ihrer Schuld.

Im christlichen Glaubensmodus können wir es vereinfacht auf die Vertreibung aus dem Paradies zurückführen.

Adam und Eva hatten die schwere Erb-Schuld auf sich geladen, ihren Göttlichen Herrn betrogen und belogen zu haben. Daraufhin wurden sie von den Erzengeln mit flammenden Schwertern aus dem geliebten, paradiesischen Zustand, aus dem Paradies, verjagt. Danach folgte der wenig erquickliche Aufenthalt auf der Erde. Dieser Verlust und seine Folgen haben sicher sehr weh getan!

Um weiterhin Schuldgefühle zu vermeiden, müssen wir uns Gott gefällig oder zumindest nach Möglichkeit moralisch einwandfrei beziehungsweise dem vom Moralischen geprägten Rechtssystem entsprechend verhalten.

Die Verstöße dagegen erzeugen ein schlechtes Gewissen (so soll es zumindest sein) und somit die Erinnerung an jenen Ur-Schmerz.

Mit einer Zuweisung von Schuld wird dieses Gewissen gereizt.

Dabei ist es fast schon egal ob wirkliches Unrecht begangen wurde.

Alle Menschwesen tragen einen Reiz-Reflex-Reaktions-Mechanismus in sich, der sofort aktiv wird und den sonst analytisch und mit entsprechender Verzögerung arbeitenden Verstand veranlasst, irgendwelche Rechtfertigungen auszustossen.

Mit den verallgemeinernden Sprüchen: „Wer sich verteidigt klagt sich an!" und wiederum: „Unwissenheit schützt nicht vor Strafe!", kann man so ziemlich jeden in die Enge treiben.

04) Wirklichkeit

Wie wir wissen, weil wir es oft genug im Miteinander feststellen können, ist die Wirklichkeit des Einen selten vollständig deckungsgleich mit der Wirklichkeit des Anderen.

Diese individuell verschiedenen Wirklichkeiten spielen sich sowieso im Geistigen ab, nämlich als Betrachtungen, mit zum Teil sehr unterschiedlichen Sichtweisen, Blickwinkeln und Standpunkten.

Deshalb ist ein plötzlicher Bruch im Bereich der Wirklichkeiten etwas, womit wir beim Kommunizieren immer rechnen müssen.

Die Aussendung einer Kommunikation ist die eine Sache, wie sie beim Partner ankommt eine ganz andere. Und was der empfangende Gesprächspartner davon bereits weiß oder wie dieser darüber denkt, entzieht sich in dem ersten Moment sowieso dem Kenntnisstand des Senders.

Daher braucht nur jemand sein Gegenüber nicht so ernst nehmen, ihm bewusst oder nichtbewusst Unwissenheit oder gar Dummheit vorwerfen und schon ist die Konversation im Eimer.

Auch ständige Kritik und ewiges Bekritteln erzeugt langfristig Unsicherheiten im Zusammenleben. Jemand der alle Gesprächsinhalte erst einer irgendwie logisch anmutenden Analyse unterziehen muss, kann auf Dauer kein sehr angenehmer Gesprächspartner sein.

Diese Person versucht sich auch gar nicht auf den Anderen einzustellen, weil sie viel zu sehr damit beschäftigt ist, der Welt ihren eigenen Stempel aufzudrücken.

Mit: „Ja, aber!!!", oder „Nein! Und ...", zerredet dieser Mensch immer wieder die halbwegs fest gefügte, zur Realität gewordene Wirklichkeit seiner Mitmenschen. Er beherrscht kein „So-stehen-lassen-können", die Wirklichkeiten anderer auch mal einfach zu akzeptieren. Schließlich hat sich doch auch sein Gegenüber nicht unerhebliche Gedanken darüber gemacht, worüber soeben gesprochen wird.

Manche Leute bringen es doch tatsächlich fertig, einfach darauf los zu reden, ohne die Realität der Umgebung zu beachten oder überhaupt wahrzunehmen. Das Reden vor dem Einschalten der Sinne, vor der Wahrnehmung der Realität, des Tatsächlichen, missachtet ebenso die eigentliche, geistige Wirklichkeit.

Wenn Worte schneller aus dem Mundwerk sprudeln, als eine Beobachtung ganz offensichtlich wahrgenommen wird, verliert eindeutig jede Wirklichkeit.

Eine enorme Realitätsferne stellt sich ein. Sogar die Absicht zur Kommunikation muss erst wieder frisch aufgebaut werden, um zueinander zu finden.

So genannte Scherzbolde betreiben eine dauernde Verarschung, entweder zur eigenen, zweifelhaften Belustigung oder für die Unterhaltung der Menschen in ihrer Umgebung.

Sowohl die geistige Wirklichkeit als auch die physikalische Realität wird von den Witzhelden vorgeblich humorvoll verdreht. Mit solchen Leuten ist eine ernsthafte Unterhaltung unmöglich, so meint man zumindest im ersten Moment.

Absichtliche Irreführung treibt den Bruch von Wirklichkeiten auf die Spitze. Wer seine Partnerschaft im Gespräch abrupt und langfristig beenden will, braucht nur mit dieser Absicht an sein Gegenüber herantreten. Solche Brüche sind ganz klar Lügen, sind Vertrauensbrüche mit Langzeitwirkung.

Wer jemandem eine falsche Wirklichkeit oder gefälschte Realitäten unterjubeln will, ist weder ein Gesprächspartner noch ein Partner im Geschäftsleben, schon gar kein Partner fürs Leben.

05) Gemeinsamkeit

Gemeinsame Wirklichkeiten sowie Realitäten verbinden! Einer guten, effektiven sowie mentalen Kommunikation sollte ab diesem Faktor nichts mehr im Wege stehen. Doch leider gibt es auch hier Killer, die sich einschleichen können.

Der österreichische Chansonnier und Aktionskünstler, André Heller bringt die Problematik auf den Punkt, indem er unumwunden bemerkt:

„Die Schwierigkeit, mit den meisten Leuten umzugehen,
besteht darin, zu ihnen gleichzeitig ehrlich und höflich zu sein.“

Werner Stangl, ein österreichischer Psychologe und Schriftsteller, führt in seinen Arbeitsblättern folgende, von im so genannte „Todsünden der Kommunikation" auf, die einer beginnenden Gemeinsamkeit im Wege stehen:

Das „Vage sein"

Wenn wir nicht gleich zur Sache kommen, muss unser Gesprächspartner herum rätseln, was wir eigentlich meinen oder wollen. Da aber Gedankenlesen nicht allzuweit verbreitet ist, raten die meisten falsch! "Vage sein" bedeutet zudem: Menschen bekennen sich nicht einmal zu ihren eigenen Botschaften. Die Sätze wie: "Jeder weiß, dass ..." oder "Die meisten Menschen stimmen zu, dass ...", sind Beispiele dafür, wie man nicht sagt, was man selbst meint.

Die **Ablenkungsmanöver**

Wenn ein Gespräch sehr emotional oder persönlich wird, können sich Menschen unbehaglich fühlen. Sie versuchen, wieder auf oberflächliche Themen zurück zu kommen. Dies führt dazu, dass sie den Sprecher ablenken, das Thema wechseln oder in oberflächlichen Klischees antworten.

Den **"Psychologen spielen"** oder **"etikettieren"**

Sie haben sicher schon folgende Kommentare gehört: "Das behauptest Du nur, weil Du einen Autoritätskonflikt hast.", "Ich glaube, Du hast nicht ganz verstanden.", "Dein Problem ist ...", "Du hast doch Verfolgungswahn.", "Du bemühst Dich einfach nicht genügend." Diese Art von Bemerkungen sind Beispiele von "Etikettieren". Solche Kommunikation "jubelt uns hoch" und stuft den anderen Gesprächspartner herunter.

Es ist gefährlich, andere Menschen oder ihr Verhalten mit einem Etikett zu versehen. Wer kann schon wissen, ob es wirklich stimmt.

Meistens stimmt es nämlich nicht. Dennoch benehmen sich Menschen anderen gegenüber, als ob ihre Vermutung zuträfe, als würde kein Widerspruch möglich sein.

Übertriebene
oder **unangebrachte Fragen stellen**

Niemand hat es gerne, wenn er verhört, geprüft oder "ausgequetscht" wird. Oder magst Du das? Genau diesen Effekt erzeugt ein Bombardement von Fragen. Dabei ist es gleichgültig, ob es offene Fragen sind, die vollständige Antworten verlangen, oder geschlossene Fragen, die entweder mit "Ja" oder "Nein" beziehungsweise mit einer kurzen faktischen Angabe beantwortet werden können. Beim Stellen einer Frage den Blickkontakt zu vermeiden oder etwa durch die Körperhaltung respektlos die Wertlosigkeit des Gegenüber anzudeuten, sind typisch bei der Durchführung von Verhören. Mangelnde Bestätigung verstärkt noch den Effekt.

Heutzutage ist es geradezu üblich, ob bei Behörden oder beim Arzt, dass sich Leute, zum Beispiel bei der Entgegennahme von Daten, mehr dem Computer als dem anderen zuwenden.

Ungebetene Ratschläge erteilen

Wenn Sätze aus uns hervor sprudeln, wie: "Sie sollten ...", "Sie müssten ...", "Haben Sie auch versucht ...", "Wenn Sie auf mich hören, dann werden Sie ...", dann laufen wir Gefahr, dass es so klingt, als würde moralisiert, gepredigt oder als würde ein Vortrag gehalten. Jemand sagte einmal treffend: „Auch Ratschläge sind Schläge!" Andere Leute ungefragt mit Ratschlägen oder mit Meinungen zu bombardieren erzeugt Protest.

Wenn wir Menschen unseren „gut gemeinten" Rat aufzuzwingen versuchen, werden sie uns wahrscheinlich ganz ignorieren. Was wir sagen, wird für sie nur leeres Geschwätz sein.

Das **Trösten**

Als eine andere Form der Überheblichkeit erscheint, jemanden zu beruhigen, zu bemitleiden oder zu trösten. "Morgen sieht alles bestimmt ganz anders aus.", "Mach Dir keine Sorgen, es gibt am Himmel immer einen Silberstreifen.", „Ich bin davon überzeugt, dass alles gut wird.", "Dein Kummer nimmt mich so richtig mit." Diese Bemerkungen sind oft nicht gerade hilfreich, da sie viel zu häufig nicht ehrlich gemeint sind.

Sie beinhalten auch, dass wir wohl meinen, über die Lage des anderen besser Bescheid zu wissen als er selbst. Wenn man es sich richtig überlegt, ist diese Form der Kommunikation geradezu beleidigend.

Ironische Bemerkungen machen

Obwohl sie teilweise durchaus zum Umgangston gehört, stellt Ironie eigentlich eine aggressive Herabsetzung des Opfers dar. Angeblich freundliches Scherzen kann danebengehen und zu verletzten Gefühlen führen. Allzuoft verhindern ironische Bemerkungen ein offenes Gespräch. Ironie gehört daher in die gleiche Rubrik wie die Beleidigung, das Verhöhnen, das Beschämen und führt auch zu den gleichen Ergebnissen.

*****

Kommen Dir all diese Todsünden irgendwie bekannt vor? Sehr richtig! Ähnliche Phrasen haben wir alle schon einmal im Repertoire gehabt.

Doch wir sollten dringend bedenken und uns darüber Gedanken machen, denn: Die darin enthaltenen Emotionen spielen tatsächlich eine vernichtende Rolle.

Mit diesen Todsünden soll, bewusst oder nichtbewusst, der Weg zu Zuneigung oder Affinität entscheidend gestört werden.

Was bewegt uns bei deren Verwendung? Wem wollen wir damit schaden? oder Vor wem oder was wollen wir uns schützen?

Begegne daher anderen Menschen immer aus einer Haltung der gegenseitigen Achtung. Rede weder von "unten herauf" noch von "oben herab" mit anderen. Meide Klischees und leere Beschwichtigungsformeln; so vermeidest Du jegliche herablassende Wirkung.

Fehlt nämlich auch nur einer der neun Punkte des „Magischen Quadrates" oder wird ein Faktor tödlich verletzt so ist sein Wachstum insgesamt und damit das harmonische Miteinander in Gefahr.

06) Zuneigung

Die Zuneigung, Anziehung, Empathie, Wesensverwandtschaft oder Affinität hat etwas mit Gefühlen für- und zueinander zu tun.

Mehr und mehr Sympathie stellt sich ein, wenn die mentale Kommunikation sich angenehm entwickelt.

Menschen die eine eher materielle Betrachtungsweise bevorzugen sprechen hier von: „Die Chemie muss stimmen." Schleicht sich irgendein Killer ein stimmt die Chemie nicht mehr. Die Atmosphäre ist vergiftet, die Kommunikation stirbt.

Eine ausschließlich von Gefühlen getragene, Mentale Kommunikation lässt sich ziemlich leicht killen. Beispielsweise einfach indem jemand die Verantwortung für seine Gefühle und die daraus resultierenden Handlungen leugnet. Kälte stellt sich ein, Gefühlskälte mit Ferne im zwischenmenschlichen Abstand.

Häufig werden zur Ablenkung Gefühle geäußert die lediglich Pseudogefühle sind. Die geäußerten Gedanken sind zum Beispiel: „Ich fühle mich provoziert." oder „Ich habe das Gefühl von Unterdrückung." oder aber „Ich fühle Protest in mir aufsteigen."

Hier handelt es sich tatsächlich um Pseudogefühle, da ein negatives Urteil über den anderen einbezogen wird, der auf diese Art und Weise als ein Provokateur wahrgenommen wird, bewusst oder nichtbewusst.

Die „Gewaltfreie Kommunikation", nach Marshall Bertram Rosenberg, ein US-amerikanischer Psychologe, beruht auf Empathie in vier Schritten:

Beobachtung > Gefühl > Bedürfnis > Bitte

> **Beobachtung** einer konkreten Handlung, ohne sie mit Bewertungen oder Interpretationen zu vermischen.

> Mitteilung des **Gefühls**, das durch die Beobachtung ausgelöst wurde.

> Formulierung des dem Gefühl zugrundeliegende **Bedürfnis**.

> **Bitte** um eine konkrete Handlung.

Hier wird zwischen Bitten und Wünschen unterschieden: Bitten beziehen sich auf Handlungen im Hier und Jetzt, Wünsche auf Ereignisse in der Zukunft.

Da Empathie immer im Hier und Jetzt ist, passen zu ihr nur Bitten, die im Jetzt erfüllt werden können. Empathie ist nach Rosenberg eine Grundvoraussetzung für das Gelingen von Kommunikation.

Das aktive Zuhören steht dabei im Mittelpunkt. Gewaltfreie Kommunikation geht über den gesprächstherapeutischen Rahmen hinaus. Beeinflusst ist sie auch von Mahatma Gandhi und seinen tiefgreifenden Überlegungen zur Gewaltfreiheit, ahimsa genannt, die auf den Upanishaden basieren.

Aufeinander zugehen bei entsprechender Zuneigung, verringert den räumlichen Abstand ebenso wie den emotionalen Abstand.

Dies ist so gemeint, wie es gesagt wird. Es macht einfach keinen großen Sinn, ständig nur über große Entfernungen hinweg kommunizieren zu wollen.

Erst die Verringerung der Distanz lässt die stressfreie Kommunikation zu.

Dabei wird die Lautstärke gesenkt und das rein akustische Verstehen verbessert.

Erst, wenn Menschen auch räumlich aufeinander zugehen, erweisen sie einander Respekt und Anerkennung. Sich gleichwertig gegenüberstehend, können sehr viel besser Informationen ausgetauscht werden.

Auch sich nur über Telefon, Internet oder dergleichen unterhalten zu wollen, ergibt niemals den gleichen Effekt, wie ein persönliches Zusammentreffen.

07) Übereinstimmung

Wenn wir dem Bedeutungswörterbuch Vertrauen schenken, dann entsprechen die Synonyme für Übereinstimmung den Begriffen Zuneigung oder Affinität fast vollständig.

<u>Wir finden dort</u>: Einheit, Einhelligkeit, Einigkeit, Einmütigkeit, Einstimmigkeit, Eintracht, Einvernehmen, Einverständnis, Einklang, Einssein

<u>sowie zudem</u>: Geistesverwandtschaft, Wesenverwandtschaft, Wesensgleichheit, Gleichklang, Gleichgesinntheit, Gleichartigkeit, Deckungsgleichheit

<u>und dann weiterhin die</u>: Entsprechung, Gemeinsamkeit, Harmonie, Ähnlichkeit, Berührungspunkte.

Also wird die Zuneigung noch einmal mehr bestätigt oder abermals gefestigt, wenn Übereinstimmung herrscht und dabei eine Einheit im Denken und Handeln entsteht. Umso schwerer wiegt es, wenn manche Menschen Informationen zurückhalten. Sie verbreiten ihre Informationen auf der Basis von: "Nur soviel wie unbedingt notwendig".

Vielleicht funktioniert diese Haltung speziell in Systemen der Unterdrückung, wo man genauer darauf achten muss, was man von sich gibt.
Aber in offenen Gesellschaften müssen Menschen umfassend informiert werden, wenn sie ihre Arbeit richtig machen und erfolgreiche, vollwertige Mitglieder ihres Teams sein sollen.
Das Zurückhalten von Informationen führt zu Machtspielen sowie zu verfehlten Überlegenheitsgefühlen anstatt zu einer erfolgreichen Kommunikation.

Die Forderungen nach mehr Transparenz in Politik und Wirtschaft zeigen: Hier ist vieles noch nicht so wie es sein soll, hier herrscht noch zu viel Zurückhaltung von lebenswichtigen Daten.

Modernen Kommunikationsplattformen wie facebook, twitter oder google wird nachgesagt, sie missbrauchen die Offenheit im modernen Netz, im Internet, für Datenaustausch. Hier ist Vorsicht durchaus angebracht!

Dennoch: Falls Du ebenfalls irgendwelche wichtigen Informationen besitzt, die jemand anderem nützlich sein könnten, dann gebe diese bitte auch weiter.

Höchstwahrscheinlich wirst Du wiederum etwas Interessantes für Dich selbst in Erfahrung bringen.

Jegliche Disharmonie im kommunikativen Miteinander drückt die Zustandsform der Übereinstimmung ein wenig nach unten. Das „Magische Quadrat des Verstehens" wird kleiner und kleiner. Es verliert die energetische Bindekraft.

08) Verständnis

Man kann kein Verständnis mehr erwarten! Das „Magische Quadrat" ist zu klein geworden, als dass dieser Zustand eintreten dürfte.

Verständnis kann aber auch der Kitt sein, um andere Kommunikationsfaktoren, die einem Killer zum Opfer gefallen sind, wieder zu retten, das Gespräch wieder zu aktivieren.

Selbst kommunikativ tote Verhältnisse sind mit etwas Mut zu mehr Verständnis wieder belebbar.

Es bedarf lediglich einiger weniger Worte oder Gesten, damit die Kommunikation wieder ins Fließen kommt.

Verständnis hat im gewissen Sinne auch etwas mit Verzeihen oder noch besser mit Vergebung zu tun. Sicherlich ist es aber für einen Killertypen nicht einfach Verständnis aufzubringen. Irgendwann ist dann die Grenze für Gnade erreicht.

Dennoch, im kommunikativen Zusammenspiel für ein harmonisches Miteinander braucht es Menschen mit Herz und Verstand, die als Persönlichkeit über dem Killerverhalten stehen können.

Allerdings, sobald sich ein Gesprächspartner bemüht, für das Verhalten eines anderen Menschen liebevolles Verständnis aufzubringen, muss zumindest auch ein wenig Entgegenkommen des Anderen zum Brückenschlag beitragen.

Fehlt dieses Entgegenkommen ganz, so ist diese Chance verwirkt, um in einem vernünftigen Gespräch wieder auf einen Nenner zu kommen.

Der endgültige Killer für ein Miteinander in Kommunikation ist tiefes Schweigen, möglichst von beiden Seiten.

In diesem Schweigen verbirgt sich zumeist eine stille Schuldzuweisung mit dem beabsichtigtem Willen, dem anderen Schmerz zuzufügen: „Er/sie soll ruhig auch spüren was er/sie mir angetan hat!".

In diesem Sumpf aus Rachegedanken versinkt dann der Wille zur Absicht einer ausgleichenden Kommunikation mit gegenseitigem Verständnis.

09) Verstehen

Die letzte und vielleicht die wichtigste Bastion zum Erlangen von menschlichem Miteinander finden wir im Verstehen.

Wie bereits beim Einstieg in eine effektive, Mentale Kommunikation, so bedarf es selbstverständlich auch zum Verstehen einer Absicht. Der erklärte Wille zum Verstehen zu gelangen, ist Grundvoraussetzung dafür.

Wer nicht verstehen will, aus welchem Grunde auch immer, tötet die Mentale Kommunikation in ihrer letzten Konsequenz.

Denn im Verstehen gipfelt jegliche Kommunikationsabsicht.

Das Verstehen kommt jedoch gar nicht mehr auf, wenn einer oder mehrere all der anderen Faktoren des „Magischen Quadrates für Verstehen" einfach zu sehr in Mitleidenschaft gezogen wurden.

Zum Verstehen gehören Voraussetzungen wie:

Akustisches Verstehen

Hier setzt der erste Killer an, wenn Menschen entweder tatsächlich schlecht hören oder nicht hören wollen.

Auf der anderen Seite gibt es Leute, die entweder nicht sprechen können oder nicht in der Lage sind, dem Gegenüber eine Nachricht oder Informationen so zu übermitteln, das dieser sie wahrnehmen kann.

Zu große Distanz zählt hier ebenso, wie das Sprechen in die falsche Richtung oder ein absichtsloses vor sich hin Reden.

Sprachliches Verstehen

Fremde Sprachen oder unverständliche Dialekte sowie die übermäßige Verwendung von Fremdworten oder einer eigenen Terminologie, einem Fachjargon oder Fachchinesisch, wie es beispielsweise Wissenschaften zugeordnet wird, lassen das Verstehen nur noch nonverbal zu.

Intellektuelles Verstehen

Hierzu zählt besonders, die Kommunikation über das Gleiche oder mit unterschiedlichen Wirklichkeiten sowie Realitäten. Wer in Kategorien argumentiert, die nicht allgemein verständlich sind, beispielsweise zudem davon ausgeht, dass etwa gesundheitliche oder geschichtliche oder ... Fakten zum „Allgemeinwissen" gehören, kann absichtlich oder unabsichtlich am Gesprächspartner vorbeireden.

Interpretatives Verstehen

Das Aussenden von Informationen und der darauf folgende Empfang müssen nicht deckungsgleich sein. Öfter als man denkt, können Interpretationen ein völlig anderes Verstehen hervorrufen, als der Sender beabsichtigt hat. Insbesondere bei dem schluderigen Schreiben von SMS oder bei den e-Mails sind die Missverständnisse geradezu vorprogrammiert. Ein zu wenig an Information sorgt für Verwirrung.

Empathisches Verstehen
oder emotionales Verstehen

Diese Begriffe sind gleichbedeutend. Sympathie und Antipathie sowie Intuition spielen oftmals eine entscheidende Rolle beim Verstehen können oder Verstehen wollen. Ein sich Hineindenken in die Absichten des Gesprächspartners vervollständigt dessen verbale Aussendung. Nur wer sein Gegenüber auch emotional erfasst, kann ihn in Gänze akzeptieren. Wer jedoch blockt, sich dieses Zueinander selbst verwehrt, ist nur ein oberflächlicher Zuhörer. Er kann dann dem Gespräch lediglich rational folgen.

Wir sehen, die Killer lauern überall. Selten wird eine Vorwarnung ausgesprochen oder es eröffnet sogar eine Kriegserklärung den Konflikt.

Das gefährliche Potential für die Killer-Kommunikation ist unerschöpflich und die Menschen sind auch darin erfindungsreich.

Um der hinterhältigen Falle dieser Killer entgehen zu können, müssen wir alle Sinne mobilisieren, zumindest Augen und Ohren aufsperren.

Die Unvernunft des Killers verrät ihn. Deshalb können wir einer solchen Killer-Kommunikation ausschließlich mit unserer Vernunft begegnen. Lediglich mittels vernünftigem Argumentieren bricht man die Macht der Killer.

Hier noch ein ganz persönlicher Erfahrungswert: **Humor ist, wenn man trotzdem lacht!**

Die Killer-Kommunikation ist nämlich einfach nur lächerlich.

Sie nicht allzu ernst zu nehmen, zu lächeln oder darüber zu lachen hebt ihren Anspruch auf Ernsthaftigkeit auf.

Selbstverständlich können wir gewisse Leute (Politiker, Chefs, Ehepartner, ...) nicht so einfach auslachen, wenn sie Killerphrasen oder dergleichen verwenden. Aber auf diese Art und Weise können wir immerhin einschätzen, wessen Geistes Kind sie sind.

Zumindest können wir aber ganz still in uns hinein lächeln und für uns selbst die Ernsthaftigkeit dazu herausnehmen.

Die vorgebliche Ernsthaftigkeit in deren Rede wird speziell durch unser eigenes, vernunftbegabtes Einschätzungsvermögen relativiert.

Den Fehdehandschuh, den uns jemand per Killer-Kommunikation vor die Füße wirft, müssen wir nicht annehmen.

Die Androhung eines Krieges, mit kommunikativer Erklärung, wirkt erst dann, wenn darauf ebenso aggressiv reagiert wird.

**„Der beste Krieger ist der,
der den Krieg beendet,
bevor er begonnen hat."**

Dan Millman,
"Der Pfad des friedvollen Kriegers"

Über den Autor:

Günter Karl Skwara, *19.07.1952

Während seiner vielfältigen beruflichen Tätigkeiten erlangte er Einblicke hinter die Kulissen von Betriebs- und Volkswirtschaft.

Ihm offenbarten sich zudem die sozialen Zusammenhänge, mit all ihren Ungerechtigkeiten und Abgründen.

Bei seinem Aufenthalt in Frankreich (1991 bis 1992) eignete er sich verschiedenes Wissen und Fähigkeiten an. Diese konnte er dann auch in Deutschland nutzen.

Er wurde Heiler von Morhange genannt und anerkannt als "Meister des Wandels" (master of change).

Seine Absicht besteht seitdem darin, Menschen aus dramatisch verfestigten Problemstellungen heraus zu helfen (physischer, psychischer sowie sozialer Art).

Als guter Zuhörer entlastet er, mittels Spiritueller Rückführungen, die schwierigen Situationen seiner Rat- und Hilfesuchenden.

Mit leichter Hand führt er sie zu eigenständig gefundenen Lösungswegen.

Er ist Begleiter auf dem Pfad zu Wohlbefinden, Zufriedenheit und GlücklichSein.

Günter Skwara

**Spiritueller
Rückführer**

Meditationsbegleiter

**Berater für Mentale
Kommunikation**

> Spirituelle Rückführung
> Finden von Ursachen, Aufarbeiten und Bereinigen alter
Ereignisse, Rehabilitation und Mobilisierung von
Kreativität, (Los)Lösen belastender karmischer
Verstrickungen und mehr. Transformation vom
Menschsein zu TAO, dem Geistigen Wesen.

> Mentale Kommunikation
> Die Magie effektiver, mentaler Kommunikation ist der
Königsweg, zur Lösung aller, von Menschen inszenierter,
Probleme. Bestandteile des Magischen Quadrates für
Verstehen dienen als Leitgedanken.

> Ganzheitlicher Energiefeldausgleich
> Aus dem Gleichgewicht geratene Lebensenergie wird
wieder stabilisiert und harmonisiert > für mehr
Ausgeglichenheit, Stabilität und Balance im Dasein.

> Spiegelmeditation
> Selbsthilfeprogramm: Erschließt Euch den Weg zum Selbst
(zu Selbsterkenntnis, Selbstbestimmung, Selbstständigkeit).
Taucht ein und rehabilitiert uralte Fähigkeiten!

Kontakt:
rueckfuehrer@googlemail.com

www.rueckfuehrer.de
www.studio-chi.de

.